Mr都市伝説
関暁夫の
ファーストコンタクト
バシャール対談

関暁夫 著
ダリル・アンカ 著

Bashar
First Contact
Akio Seki

Mr.都市伝説 関暁夫のファーストコンタクト バシャール対談 ◉目次

2018.09.12 The 2nd Day Session

バシャール × 関 暁夫

2018.09.13
The 3rd Day Session

バシャール × 関 暁夫

すぅ・ご・い・で・す!!!

こぉうぅれぇは、本物ですよね!!!

「やりすぎ」のカメラがいよいよ、宇宙と交信する場に来てるからね！

すごいね！　呼吸がもう全然違うもんね！　あ、こういうことなんですね。

ケ・タ・チ・ガ・イ！

本書のページを開く前の基礎知識

本書は関暁夫とバシャールの三日間に渡るセッションの記録です。バシャールは、チャネラーであるダリル・アンカとの交信でつながる宇宙存在です。

読者のみなさんの中には「バシャールって一体誰やねん！」、「チャネリングってなんだろう？」と疑問に思う方もいらっしゃると思いますので、本書をよりよく理解していただくために簡単に説明しておきます。

バシャールって誰？

バシャールとは、オリオン座近くに位置するエササニという惑星に住む宇宙存在。エササニは地球よりも３００年先の文明とされているが、エササニの時間は地球時間の約10倍速いため、実際には３０００年先だと考えられている。30年以上に渡り、ダリル・アンカの身体を通して地球人に宇宙の叡智《えいち》を伝え続けている。ちなみに、バシャールとはアラビア語でメッセンジャーの意味。

チャネリングって何？

チャネリングとは、目で見ることのできない存在（たち）と交信して、さまざまな情報を得て、それを人々に伝えることを言う。大元となる存在たちとは、神や天使などの高次の霊的存在、アセンデッドマスター、ハイヤーセルフ、宇宙存在などさまざま。

チャネリングをする人のことをチャネラーと呼んでおり、本書の場合は、ダリル・アンカがバシャールのチャネラーとなる。

また、チャネリングにもいくつかのパターンがあり、自分の意識を保ったまま何かの存在とつながる「コンシャス・チャネリング」と、自分の意識はほとんどないトランス状態でつながる「トランス・チャネリング」がある。ダリル・アンカの場合は、後者の「トランス・チャネリング」に属《ぞく》する。

並行宇宙《へいこう》

みなさんがイメージする宇宙とは別の宇宙空間が同時的に存在すると思ってください。「パラレルワールド」、「パラレルリアリティ」とも呼ばれ並行世界、並行する現実、パラレルな現実などと訳されている。

アセンデッドマスター

過去に人間として地上で生活をした後、他の生き

物に転生《てんせい》することなく天界に昇天し、神の観点から人類をサポートしている存在。天界にいる高尚《こうしょう》な魂を持つ人たちのこと。代表的な例では、イエス・キリスト、ブッダ、聖母マリアなど。

ハイヤーマインド

宇宙の叡智《えいち》につながる自分の内にある高い意識。「ハイヤーセルフ」、「高次の意識」、「大いなる自己」とも呼ぶ。

ポータル

一つの場所（時空間）と別の場所（時空間）をつなぐ扉のような場所。地球と精霊（スピリット）たちの世界や別宇宙、並行世界などをつないだり、ときには地球上の別の場所へ通じているともいわれる。精霊や多次元的存在が地球にやって来るための出入り口と考える人もいる。

DARRYL ANKA × AKIO SEKI

ダリル・アンカ × 関暁夫

ＵＦＯを目撃したことがきっかけで
バシャールからファーストコンタクト!!

本書に完全収録したバシャール×関暁夫の対談は、2018年9月11日~13日の3日間に渡り、アメリカ・ロサンゼルス某所で行われ、特に初日はテレビ東京「やりすぎ都市伝説」の収録も含まれています。

今回、関の希望で、バシャールとのセッション直前に、チャネラーであるダリル・アンカ氏にインタビューをしましたので、まずは、その模様をお届けします!

関 ダリルさん、どうもこんにちは！ 会えて光栄です。

ダリル ようこそ、ミスター関！ こちらこそお会いできて嬉しいです。はじめまして。

関 おーーー！ いよいよですよ！ いよいよ、ファーストコンタクトがはじまりますよ！ もういろいろと聞きたいこともあるので、ダリルさんにまずは座っていただいて…。

（関がダリル・アンカと向かい合って座る）

内側から溢《あふ》れてくる質問がもう山ほどあるんですけど、そもそも、ダリルさんはなぜバシャールさんと交信できるようになったのですか？

ダリル はい、ずいぶん昔のことなんですが、１９７０年初頭にＵＦＯを目撃したと

いうところからはじまりました。

関　おー──!!　まずは、ここが絶対大事ですからね!!　１９７０年代にＵＦＯを目撃してから、宇宙と交信ができるようになったということですよね。

ダリル　はい、そうです。それから数年経って、ある日瞑想《めいそう》していたら、バシャールから私にテレパシーのコンタクトが来ました。そして、そのコンタクトの中で、私は今生《こんじょう》でこのようなチャネリングを行なうことをずーっと前に約束していた、同意をしていたんだ、ということを思い出しました。

そして、そのときに、何年も前に目撃したＵＦＯというのは、実はバシャールの宇宙船で、その後私がこのようなチャネリングの道に

進むようになるきっかけをつくるために、わざわざ目の前に姿をあらわしてくれたのだということを理解しました。


関　おーーー！　すごいねーーー！

やっぱりすべてが必然的な意味があり、出会いがあるということだよね。

そこから宇宙のエネルギーというものが身体を通して、バシャールさんとの交信につながっていくということですよね。

で、具体的には、ダリルさんはチャネリングをどういう感じでやられるのですか？

チャネリング中は脳波がガンマ波になる

ダリル　実は、このチャネリングの状態というのは、普通に誰もが入れるものなんですね。たとえば、誰しも自分が情熱を感じることを夢中になってやっているときとき、または瞑想の深い状態に入っているときというのは、チャネリング状態になっていると言えます。

そのときの脳波の周波数は、具体的な数値で言えば、40〜100Hz（一秒間に40〜100サイクル）であり、γ（ガンマ）波と呼ばれているものです。このような脳波の状態に入るというのは、誰にでもできることです。

そして、その周波数になっているときには、やりたいことを何でもできる、つまり、自分が興味を持っている分野の活動をすることも可能ですし、クリエイティブなものを活かして何かを行ないたい、自分自身の高次の意識とつながりたい、もしくは、他の存在とチャネリングを通して情報を降ろしたい、または、宇宙存在とつながるというようなこともできるわけです。

関　おっと、もう一つひとつがワクワクしちゃいますね。これはかなり楽しいですね。いいですねー！　解放されますねー！

バシャールさんとチャネリングするときに、どういうものをイメージしてその状態に入っていくのでしょうか?

ダリル　私は35年間このチャネリングを常時おこなっておりますので、非常に慣れています。ですから、特別に何かをイメージするとか、特定の手法を使ってチャネル状態に入る必要もなく、普通に入っていくことができるのですが、チャネリングの状態では、いろいろな画像が浮かんできたり、何らかの感覚を感じています。

ただ、一つだけ私が体験できないのは、言葉として伝えられているものを聴くということです。これは自分自身何も言葉が聴こえなくて、まるで白日夢《はくじつむ》の状態ですね。Day dreamと言われている状態の中でさまよっているという状況です。

関　なるほどなー。Day dreamという状態の中にさまよっている。何となくわかるなー。で、チャネリングしているときとチャネリングしていないときの身体の状態に何か違いがあるのですか?

ダリル　はい。あるときに、脳波を測定する装置を私に取り付けて、普通の状態とチャネリング中の脳の状態の違いを見るための実験を行ないました。そうしたら、通常の脳の状態とは非常に大きく異なっている特別な状態ということがわかる多くの重要なポイントが発見されました。とても驚くべきことでした。

人格がシャットアウトされた状態でしゃべっているのは一体誰？

関　おー。やっぱり！　脳がある種まったく違う形で活性化をされるということですよね。

ダリル　それは、もうまったく違います。特にそのとき驚いた大きな違いというのは、脳のちょうど真ん中の部分に自分の人格や性格を表現するために通常使われている部位があるのですが、その部分が完全にシャットダウンされた状態、まったく動いていない状態だということが発見されたんです。

そこである疑問が湧いてきました。「じゃあ、その状態で、私の口を使ってしゃべっているのが私でなかったら一体誰なの?」ということになるわけです。

その答えは、私という人格ではなく、別人格が私の口を使ってしゃべっていたということです。

関　まさにそうですよね。ですから、バシャールさんとされる方が降りてきて、ダリルさんの身体を使うということですよね。要するに、ダリルさんは、宇宙とのコンタクトで身体を使わされているということですよね。

ダリル　そうです。私の身体を使うという言い方をすればそうですけれども、このバシャールという存在が私の身体の中に入り込んでしまって身体を操作するということではなく、テレパシーの交信が行われていて、周波数を合わせているのです。

そして、そのときに送られてくる思考の周波数というものを、私の身体が翻訳機《ほんやくき》となり、言葉になっているということです。

たとえば、※音叉《おんさ》で出されているバシャールの周波数と同じ周波数を私の音叉から出す、そのことによって共鳴・共振が起きるといった感じです。そして、共振している状態で、私の身体がそれを翻訳して言語化する、つまり、波動を言語化してアウトプットしているということです。

関　ほう、ほう。そういうことです

※音叉《おんさ》（U字形の鋼棒の中央突端に持ち手をつけた器具。叩いて音を出し、音の共鳴・振動数の実験などに用いる）

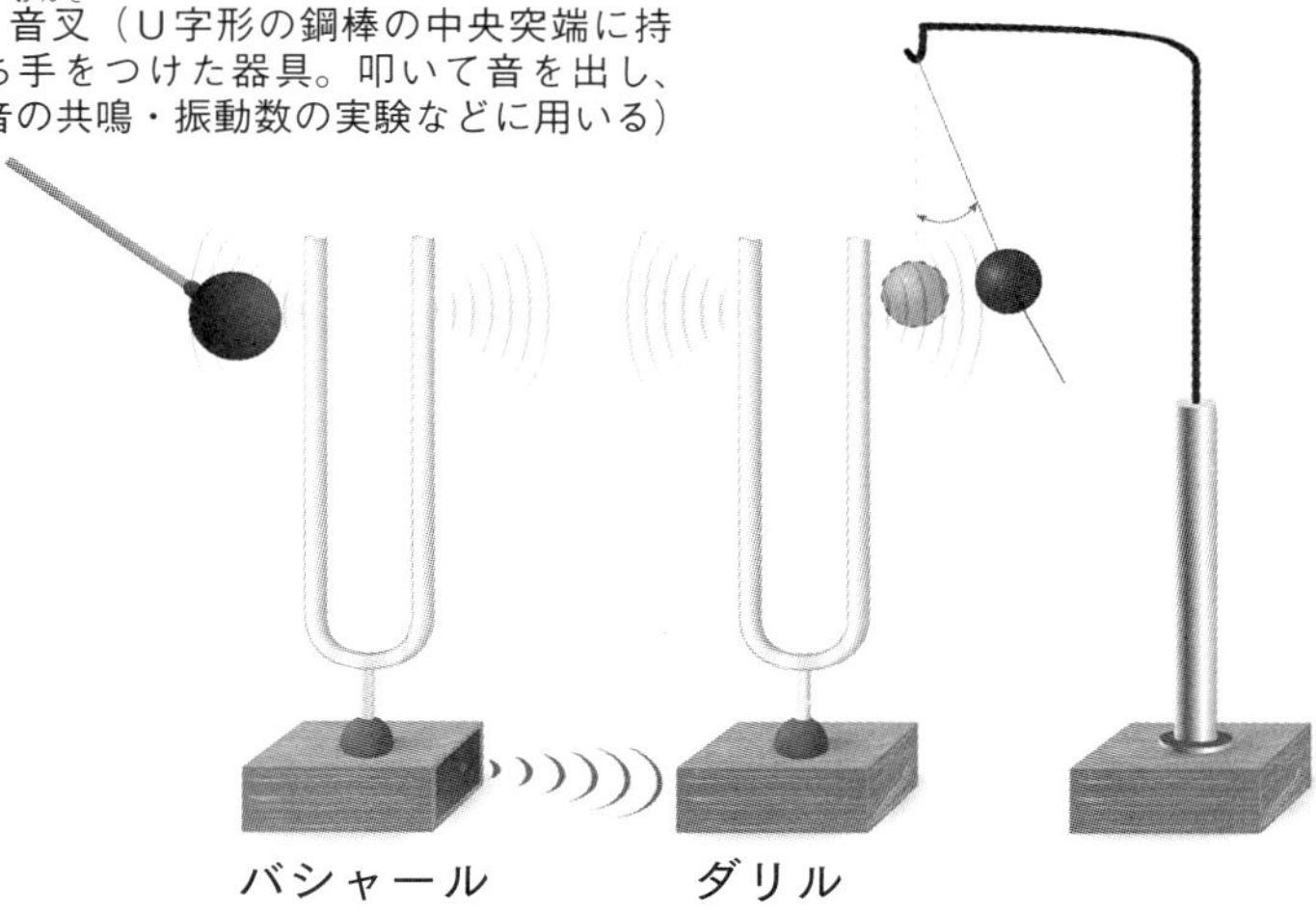

か。だから、ここが本当に大事なところなんですよね。いい?
まず言っておきたいのは、これは心霊現象とか、そういうのではないからね。本当に宇宙と交信して、宇宙の高次元のものを身体に通すということだからね。
いいっすね! ここから、本当の新境地に入っていきますから!

どぉ――んときちゃいますよ!

要は、いかに宇宙からくるテレパシーとされるものと、自分から出すその周波数とされるものを合わせていけるか、共感できるもの、お互いの引き寄せの周波数を導き出していけるか、ということだよね。

で、お互いの周波数を共感共鳴させてはじめて語り合うことができるわけでしょ。今の地球上の科学ではまだまだ全然解明されていないけど、

これが現実の世界なわけでしょ。

もう科学的に解明されたことだけを信じる時代じゃないから！解明されていないものほど、そこには真実がたくさん眠っているということですから。

いいですね？「※やりすぎ」、次のステージにもういよいよ上がっていますから。頭を開く準備をしてくださいよ。本当に半端じゃない現象のところに、「やりすぎ」のカメラがきてますからね。みなさんも情熱を止めちゃだめだからね。いいね！　新しい宇宙が本当に開きますからね。ここがポイントの日です。今日はアメリカでは2018年9月11日。新しいものが、またここから、生まれている瞬間ですから！

※「やりすぎ」：関がMr.都市伝説として出演しているテレビ東京のテレビ番組「やりすぎ都市伝説」の略称

ダリル 今、関さんとこうやってお会いしていて、あなたから本当に強いプラスのエネルギーを感じられました。

エササニとつながるための方法

関 だって、プラス以外ないですからね。**バーンとね。ポジティブエネルギーの集大成が、今この地球上**なんですよ。それをまだ理解できない人たちがたくさんいるからおかしな方向になるけど、**そもそもポジティブエネルギーというものの中で、みんな生まれている**。ま、考え方、言動、すべて原始に戻っていく時代がいよいよはじまるということですから。

で、もっとダリルさんに聞きたいことがあります。以前、何かで見たんですが、ダリルさんがチャネリングに入るときに、**黒地に黒い三角形をイメージして宇宙に誘導する**というようなことを言っていましたが、具体的にはどういったものなのですか？

ダリル　これは、バシャールのチャネリングをするためというより、エササニという集合意識の周波数とつながるための方法です。
その方法というのは、**黒い背景、つまり黒地の上に、黒の正三角形があり、その三角形からブルーの光が放射しているものをイメージします**（50頁参照）。

そのやり方のことをおっしゃっているんですね？

関　そう、そうです！　それは、バシャールさんとつながってから聞いたほうがいいのですかね？

ダリル　今のようなシンプルなやり方ですけれども、バシャールに聞いていただいてもいいですよ。

関　わかりました。では後で聞きます。エササニ星について詳しく質問するのは、バシャールさんが来てからのほうがいいですものね。

ダリル では、ダリルさんへのラストクエスチョンをしますがいいですか？

関 はい。

ダリル 1970年代に目撃した円盤とされるのはどういう形のものだったのですか？

関 （無言のまま指で△をかたどる）

ダリル お――――！（関も真似をして指で△をかたどる）真っ黒の正三角形をしていました。

関 その真っ黒の正三角形をしている未確認飛行物体が、バシャールという存在との通信を教えてくれるものだったということですか？

ダリル　はい。一年のうちに二回見ました。

関　ほぉー。それはどこで見たのですか？　ロサンゼルスですか？

ダリル　一回目はカリフォルニアのサンフェルナンドバレーという地域で目撃しました。

関　おー♪　映画『E・T』のロケ地でもあるところですね！

ダリル　はい。そのときには約150フィート（約45m）ですから、本当に近距離で見ました。

二回目は、ウェストロサンゼルスで見たのですが、そのときにはもっと近くて60～70フィート（約18～21m）くらいの距離で、誰が見てもわかるようなものでした。二回とも、私だけでなく、他の人も目撃しています。

関　ほぉー。その目撃した瞬間に向こうからテレパシー的なものは送られてきたのですか?

ダリル　そのときには、私自身がそれを感じ取ることはできませんでした。ただ、ワクワク感を感じただけでした。テレパシー的な能力を開いたのはそれからまだ後の話です。

関　**おー、どーん!! そのあとチャネリングを通してコンタクトするようになったら、そのときUFOを目撃した意味が、今ではわかってきているということですもんね。**

ダリル　もちろん、世界中のいたるところでそのようなUFOの目撃というのはあると思いますが、具体的にバシャールがどこにいるかというと、それはセドナ上空なのです。

関　へ———! セドナ上空! カメラの前でいっちゃだめなんだけど、俺、

実はそこでUFOを見ているんだよね。やりすぎのカメラは何回かセドナに行ってるんだけどさ、何かいろんなご縁があるのでしょうね。

いやぁ、ちょっと楽しすぎますね。どうしましょう。ロサンゼルスにしばらくいますか(笑)。いよいよ、これからバシャールさんとコンタクトできるんですね。まぁいったんリラックスしていただいて、バシャールさんとの対談をはじめましょうよ。

ダリル　thank you !

バシャール

BASHAR × AKIO SEKI

関 暁夫

2018.09.11

The 1st Day Session

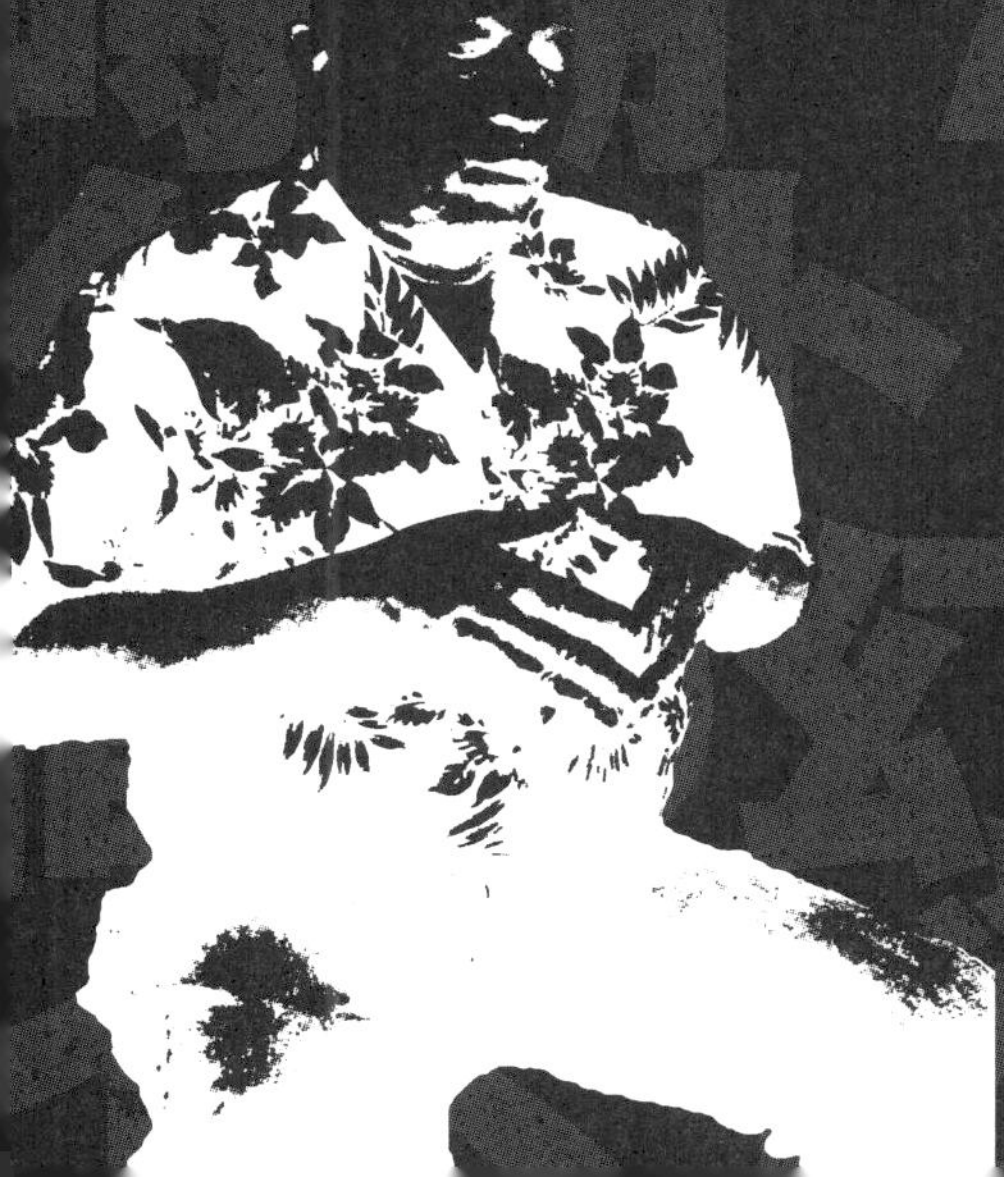

関　さぁ、いよいよ、これから宇宙存在とコンタクトをとってもらうんですけども、さすがにちょっと緊張しますが、それではお願いいたします！

（ダリルが目を閉じて、集中しはじめる。突然呼吸音が変わり、部屋中に地鳴りのような大きな呼吸音とその振動が伝わりはじめて、ダリルの隣に座っていた関が驚きの表情を見せる。そして、ダリルがいなくなり、バシャールが現れる）

バシャール　**みなさんの時間の今日のこの時、ご機嫌いかがですか？**

関　（呆気《あっけ》にとられて）

すぅ・ご・い・で・す!!!

こぉうぅれぇは、本物ですよね!!!

「やりすぎ」のカメラがいよいよ、宇宙と交信する場に来てるからね!

すごいね! 呼吸がもう全然違うもんね! あ、こういうことなんですね。

ケ・タ・チ・ガ・イ!

すごい、やっぱり宇宙! 想像していたものと全然違いますね! これはやばいねー!

もう、**どーーん**ですよ！

（バシャールのほうに向き直り）はい、すみません！　興奮してしまいました！　今まさに自分はバシャールさんとコンタクトをとっているのですよね？

バシャール　そうです。このような交流の機会と、共同創造にお礼を申し上げたいと思います。

関　こちらこそ感謝しています。ありがとうございます！　すごいなー。ちょっといろいろ聞きたいのですけど、そもそもバシャールさんはどこから交信をしているのですか？

バシャール　私たちの世界というのは、並行現実の中に存在している場所なのですが、私たちの星の名前はエササニです。

関　ほぉー！　並行現実世界に存在するエササニという……。それは星なんですか？

バシャール　惑星です。

関　惑星！　じゃあ、今、その惑星と交信をしているということですよね。

バシャール　今、私を通じて、エササニの人々とコンタクトをされているということです。

エササニは並行現実の中にある世界

関　そうですよね。ダリルさんの身体を通じて、今まさに、その惑星とコンタクトをとっているということですよね。その惑星はどういう状態で存在しているのですか？　この地球のそばにあるのですか？

バシャール　まず、ここで覚えておいていただきたいのは、今の地球とは違った並行現実の中にある世界なので、こちらから肉眼で見えるという場所には存在していませんが、この二つの世界を重ね合わせてみたとしたならば、距離として地球から500光年離れたところにあって、星座でいうとオリオン座の近くにあります。

関　うぅわぁ（笑）！

バシャール　でも、私たちの宇宙とみなさんの宇宙は違うので、もし地球から私たちの星に宇宙船に乗って旅をしてきたいということであれば、まずは、みなさんがそこで波動を変えて、違った次元に来ていただかなければいけません。

関　ほうー。自分の波動を変えて、違う次元にゲートを開かないとコンタクトはとれないということですよね。
本当にいろいろ聞きたいのですけど、そのエササニという星はどういう形状でのコミュニケーションをしているのですか？　それと、エササニ星人とされるヒューマンタイプの存在がいるのですか？

バシャール テレパシーです。

エササニ人は地球人とのハイブリッド種族

関 テレパシー！　あなたがたはどういう容姿をしているのですか？

バシャール 私たちは物質的な身体を持っていますが、今、非物質のほうへ進化している状態です。
私たちの身長は大体5フィートです（1m50㎝くらい）。そして、身体は細いです。皮膚《ひふ》は薄い白っぽい色で、まるで紙のような色です。頭はあなたたちより少し大きいです。そして、男性は通常髪の毛がありません。女性には髪の毛があり、色はいろいろですが、白色が多いです。

関 男性・女性という性別がそこには存在するのですね。

バシャール　はい、性別はあります。私たちは遺伝子的にも人間とつながっていますので、人類の遺伝子を持ったハイブリッドの存在と理解してください。
ですので、私たちの身体は人間の形状にある程度似ていますが、違うということです。

関　それは、人間とグレイというものが掛け合わされている感じなのですか？

バシャール　そうです！

関　うぉ――――！
ヒューメイリアンというものが確実に存在しているわけだよね。そして、地球人の遺伝子を持つハイブリッド種族が並列宇宙上に存在しているということだよね。これは、今現在、時空列は同じなのですか？　その宇宙空間上での。

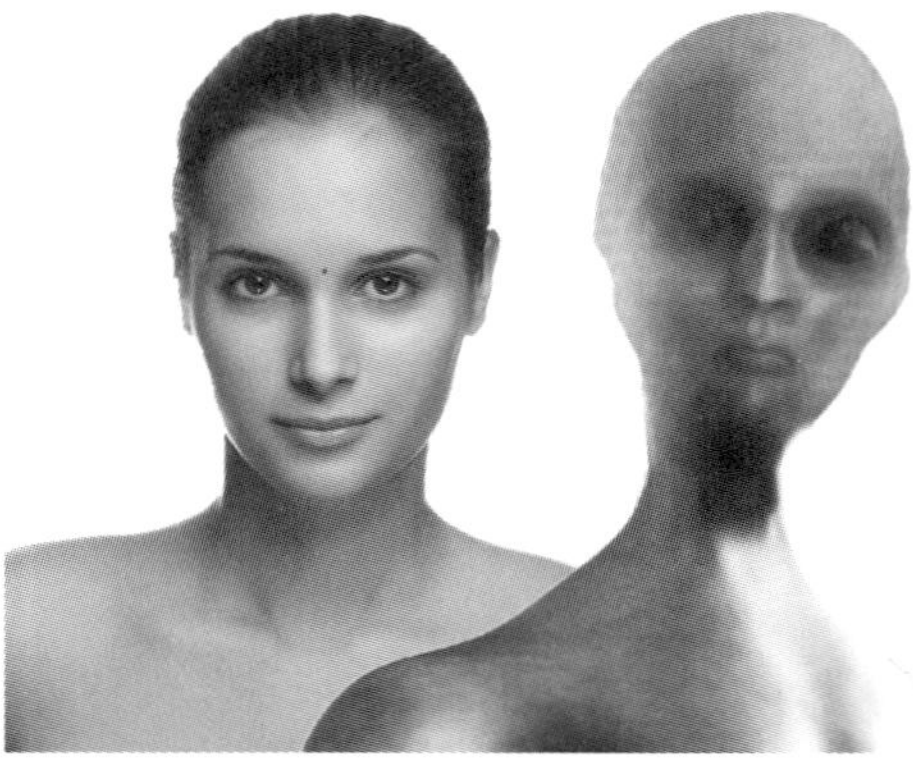
地球人とグレイの掛け合わせ
ヒューメイリアン

バシャール 先ほどご説明したことと重なりますが、ちょうど地球から500光年離れたところです。空間としてはそこにあるわけですが、次元が違います。そして、時間としては、地球の方々の未来に位置する場所におります。

エササニは地球の3000年先の未来

関 どれくらい未来に位置するのですか？

バシャール みなさんの現在から3000年先の未来になりますが、私たちの次元では時間の速度が10倍速いのです。つまり、みなさんの時間でいえば、3000年先の未来、3000年後の地球が進化した場所だということです。

関 なるほどぅー。言ってみれば、地球時間でいうと3000年の10倍なので3000年後の地球が位置するところにエササニという星が存在するということですよね。そして、（空間としては）500光年離れた場所にあるということですよね。

そうしたら、ちょっと聞きたいのですけども、そのエササニという星のエネルギーはなんなのですか？

バシャール 宇宙エネルギーです。ですから、電磁エネルギーといえます。

関 ほぅ。その宇宙エネルギーとされる電磁エネルギーというのを身体に摂取《せっしゅ》しているということですか？

バシャール はい。私たちはもう食べることも眠ることもしません。ただ宇宙から直接エネルギーを受け取るだけです。つまり、光で生きているということです。

関 そこには、いわゆる街というものは存在するのですか？

バシャール いいえ、惑星上には街というものは存在していません。

なぜならば、自然の状態というのを保持するためです。ですから、**私たちが街として使っているのはマザーシップ、大きな宇宙船です**。そこが私たちのいわゆる街であり、惑星上に何かを建設したとしても、それはその後すぐに解体してしまって、惑星はなるべく自然の環境でそのままの状態で保つということをしています。

関

素晴らしいですね。いや、本当に今後の地球というのもそういう形にどんどんどんどん進化していきますから。エササニという星が地球時間でいうならば３０００年後に存在しているとしたら、そういう形状には確実にはなっているでしょうね。

それと、バシャールというのはお名前なのですか?

バシャール

いいえ、私たち自身は名前を必要としませんので、まったく名前は持っておりません。なぜならばテレパシーの交流がいつでも可能だからです。

しかしながら、地球のみなさんにとって、私のことを何らかの形で呼ぶ必要がある、ということで、バシャールという名前を使うことになったのですが、このバシャールという言葉は、アラブ語で『メッセンジャー』という意味なのです。チャネラーのダリルがアラブ系の血筋を引いた人であるので、その関係性もあってバシャールという呼び方になりました。

それに加えて、さきほど、関さんが、地球もエササニのような未来になることを話していらっしゃいましたが、そのことにお答えしましょう。

地球の方々というのは非常に速い速度で、今、進化しておられますので、私たちと同じところまで到達するのにそう時間がかかりません。

誰もが宇宙存在とコンタクトをとれる！

関　なるほどね。少しまとめますが、地球というのは近い将来どんどんエササニという惑星と近い状態になってくる。地球から500光年離れたところにエササニという惑星が存在していて、地球の3000年後の未来とされている。エササニ人たちは非物質に移行しはじめていて、お互いテレパシーでコミュニケーションをとっている。**そして、時空を超えて、今まさにこの場所でテレパシーでコンタクトをとっている**という状況なわけですよね。

そこで、また聞きたいのですけれども、今、この地球上でダリルさん以外にバシャールさんとコンタクトをとれる人はいるのでしょうか？

バシャール 私と直接交信をできるのはダリルだけですが、私たちの文明の他の存在の意識とつながることができる人は地球上にいらっしゃいます。

関 地球上に何人くらいいるのですか？

バシャール 情熱を持っている人であれば、どなたでもそれは可能です。人によって、エササニの存在とコンタクトをするほうが自分にとって合っているという人もいれば、他の惑星の存在とコンタクトをするほうが合っているという方もいらっしゃるわけです。

関

なーるほどね。バシャールさんとコンタクトをとれるのはダリルさんだけ、そして、エササニという惑星とコンタクトをとっている地球の人というのもたくさんいるし、他の惑星とコンタクトをとっている人も地球上にはたくさんいるということですよね。

今、地球がある銀河系では、地球外生命体とされる存在はどれくらいの数がいるのですか？　また、どれくらいの数の生命体に地球は観察《かんさつ》されているのですか？

バシャール

地球が属している銀河の中には1000万種族以上が存在しています。その中でも、**地球という場所に今現在興味を持って観察している地球外生命体は20〜30種類です**。また、私どもが加入している「インターステラアライアンス」というそれぞれの星々でつくっている同盟には、1000種近くの種族が加盟しています。

地球は6番目のハイブリッド種族に進化中

関　ほぉー。銀河の中には1000万種族以上の知的生命体とされるものが存在していて、地球を観察しているのが20〜30種類と…。その地球を観察している種族は何の目的があって観察しているのですか?

バシャール　その理由というのは、**今地球が6番目のハイブリッド種族として進化をしているから**です。地球人の進化と私たちの進化が共に行われているという理由から観察しています。

グレイと呼ばれている存在が今絶滅に瀕《ひん》していて、自分たちの種族を存続させるという目的で、これまでに5種類のハイブリッドの存在をすでに輩出《はいしゅつ》しています。私たちは3番目のハイブリッド文明になります。そして、地球が6番目のハイブリッド文明になるための進化を今遂《と》げているということです。

関　おぉ――！　すごいね――！　今、地球は6番目のハイブリッド進化を行なっているということだよね。**第6の時代、赤青白黒黄を超えて6番目の人種が生まれるということですよ！** グレイとされる存在との掛け合わせによって、**地球人が進化しはじめているということ**でしょ。メディアを通して自分が言っていたこととつながってくるよね！

バシャールさん、ずばり聞きますが、この地球上に今現在地球外生命体というのは存在しているのですか？

バシャール はい、ときには存在しています。いくらかの数にはなりますが、地球の人々となじんでいくために、みなさんの容姿に近いハイブリッドの存在たちがおります。みなさんの社会と交流する練習をしているのです。

関 おー！　彼らははるか昔から存在していたのですか？

バシャール 実際に、もう何千年も昔からハイブリッドの存在たちが地球に訪問してはいますが、生活を長期間しているというよりも、地球にやってきてしばらく滞在して、また戻っていくということが繰り返し繰り返し行われていて、永住はしていません。しかし、将来的には地球上に永住する存在もたくさん出てきます。そうなると、人類がそのような存在と混合して共に生きてくことになり、地球人が6番目のハイブリッド種族になっていくことになります。**これは種《しゅ》の進化としては自然なもの**です。

神と崇められた人々は実在した地球外生命体

関　ほぉー。それは、宇宙生命体としての進化の流れは宇宙上では当たり前のことだということですよね。

さきほど、過去に宇宙からこられた方が地球上にいたとおっしゃっていましたけども、世界的に有名な偉人の方で、誰かいるのですか?

バシャール　そのような存在たちというのは、自分が地球外から来ているということを秘密にしておりますので、地球の人々に知られることはありませんが、そのような存在は、過去の歴史の中では神として扱われていたような存在です。

関

たとえば？

バシャール

たとえば、伝説とか神話などに登場する、地球の言葉でいうと、ゼウスと呼ばれている存在がいるのですが、**ゼウスはアヌンナキという種族を代表している存在です**。しかしながら、真実というものは、神話や伝説という形であいまいにされてしまっています。

関

なるほどなー、なぜ、宇宙から飛来《ひらい》したことを言えないのですか？

秘密にせざるを得ない状況になるのですか？

バシャール

本当のことを伝えると、**人間が怖がってしまう**という理由と、怖いがために兵器を使ってそういった存在に危害を加えるおそれがあるからです。

関

そうですよね。その時代、その時代の価値観というのは存在しますけれど、そのときに受け入れることができなくて、**違う解釈をされても損をする**だけだから、みんな公開しないということですよね。

ちなみにですけど、過去に存在した人たちで神として扱われたという人たちの中に、**イエス・キリスト**という人物もいたりするのですか？

バシャール

彼らは、人間として本当に具現化された存在であり、みなさんも持っている地球外生命体の遺伝子の特性をうまく表現しているということです。イエス・キリストだけでなく、たくさんのティーチャーと呼ばれている存在たち、ブッタやクリシュナのような師としてあおがれる方たちは、人間として非常に進化をしていた存在であり、地球外生命体とつながっている遺伝子の要素をとてもよく表現できていました。

人類すべての人が地球外生命体の遺伝子を持っています。ただ、その遺伝子を持っていたからといって、それが的確に表現されているかというとそうではなく、非常に少数の方たちがそういった要素を表現することができたということです。ただ、今、人類は学びの中で、成長している、そして変化を遂げている

さなかにあるということです。

そうですよね。これが大事なことなんですよね。

関

全員、地球外生命体の遺伝子というものが組み込まれているんですよ！ただそれをうまく潜在意識《せんざいいしき》的に記憶として蘇《よみがえ》らせることがまずできるか、そしてコントロールすることができるか、というのがでかいんですね。だから、イエス・キリストとされる人物や、ブッダとされる人物などの人類において神格化《しんかくか》している人物というのは、それを表現できている人たちということなのでしょう。ある種、宇宙から飛来しているものを開眼《かいがん》、開花《かいか》させられている人たちということだよね。

それと、そういう過去に神格化されている方々は、地球外生命体とのコンタクトが長けているのか、または自身から蘇らせたものなのか、それはどっちなのですかね？

バシャール

そうですね、遺伝子の量が他の人より多かったということではなく、遺伝子の中にあるそのような要素を覚醒《かくせい》することができていたという人たちなのです。そして、もちろん、交信という意味では、地球外の高い意識とよりつながり、コミュニケーション、コンタクトをとることができていた人たちということです。

関

なるほどねー。**覚醒できていた人物たち、宇宙とコンタクトをとれていた人物たち、そこに叡智とされるものが降りてきているわけですよ。ダ**

上：イエス・キリスト　中：ブッダ
下：クリシュナ

リルさんだって、宇宙からテレパシーとして飛ばしているものを受け止めているということですよね。

バシャール はい、そうです。なぜなら、ダリルはその方法というのをちゃんと訓練として受けたからです。

関 チャネリングするときにイメージするものは存在するのですか?

バシャール いろいろなものをイメージとして使うことができます。人によっては何が使いやすいか、そして、どのような方法がやりやすいか、それぞれ個人差がありますが、私たちのほうで、ある特定の形状というものをみなさんにお伝えしたこともあります。それは私たちの文明を象徴する一つの形です。

しかし、それを受け取って使ったからといってチャネリン

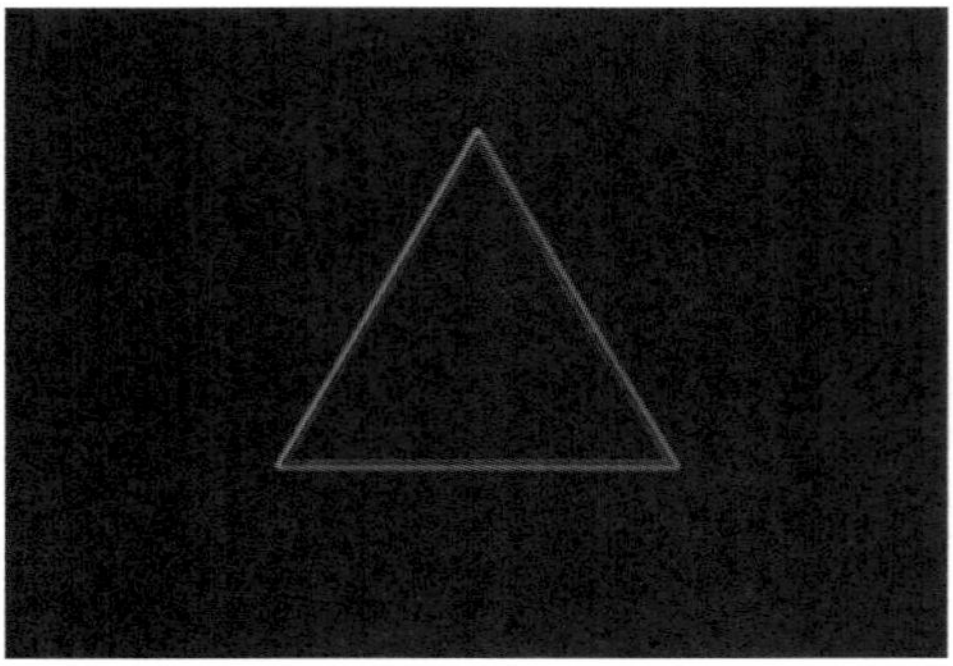

チャネリングで「エササニ」とコンタクトをとるためのシンボル

グがすぐにできるというわけではなく、私たちの集合意識とつながりやすくなり、情報をダウンロードするためのものです。

具体的にどのようなイメージであるかというと、黒の正三角形の形で、その後ろの背景も黒地になっています。ですので、その三角形が見えるように、ちょうどその後ろに青い光が出ているというような図であらわされています。これを瞑想などで使うことによって、多くの方が全般的な集合意識としての私たちの今いる状態、持っている周波数、また、私たちのエネルギーの状態などを感じることができます。

もしも、みなさんがシリウスと呼ばれている星体系とつながりたいのならば、また違ったイメージを使うことになります。シリウスと呼ばれている星体系の中の文明とつなが

チャネリングで「アルクトゥルス」とコンタクトをとるためのシンボル

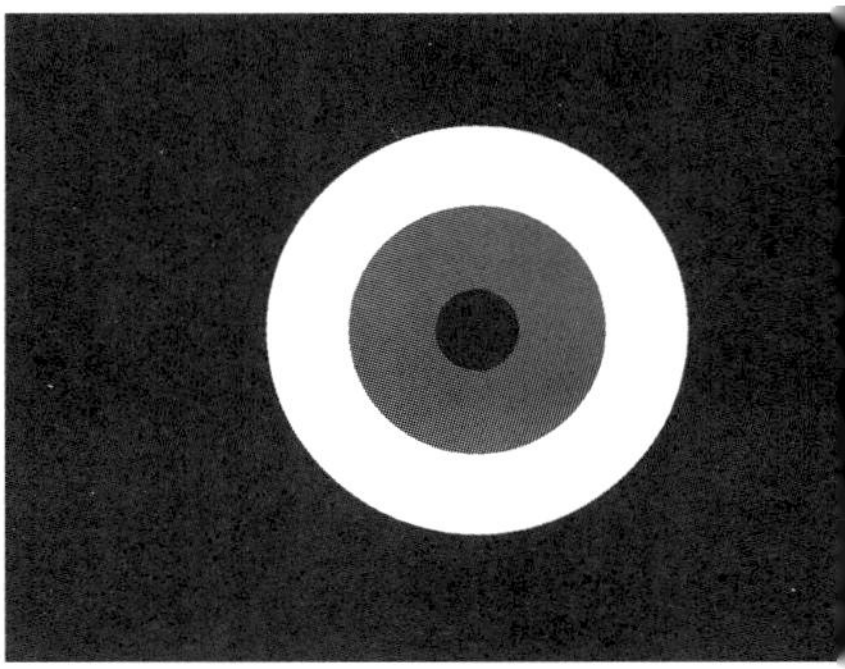

チャネリングで「シリウス」とコンタクトをとるためのシンボル

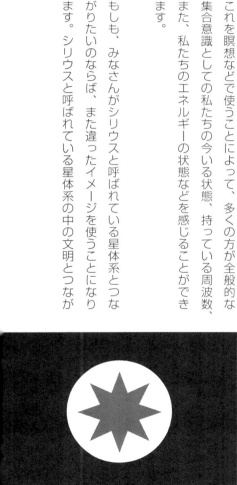

るためには黒地に白の丸い円です。そして白い円の中にブルーの丸と、その中にまた黒い丸があります。そういう形がシリウス文明のエネルギー状態とつながるときに活用できるイメージです。

そして、もしもみなさんがアルクトゥルスといわれている星体系の波動の集合意識とつながりたいということであれば、黒の背景に今度はオレンジ色の八芒《はちぼう》星《せい》です。八つの角を持っている星の形、それが白い円の中に描かれています。

つまり、それぞれの文明が、そこの集合的なエネルギーとつながることができるシンボルを持っているということです。

未確認生命体が正式に公表されるのは2033年以降

関　ほぅほぅ、なるほどね。誰しも持っているDNAの中に宇宙生命体のD

NAが存在するから、後は開眼してどうつながっていくか、まぁ、宇宙との本当のコンタクトがいよいよはじまってきているということだよね。ずばり、未確認生命体とされる存在というのが公表されるタイミングというのはだいたいいつぐらいですか?

バシャール **公表されるのはおそらく15年後から30年後の間です。**

関 おぉ―――!　15年から30年以内に未確認生命体とされていた存在がいよいよ公表されはじめると。ほう、ほう、ほう!　15年後っていったら、**2033年には地球外生命体の存在がいよいよオープンになってくるということだよね。**そのときというのは、もう、僕らの目の前に見える状態で地球外生命体が現れるのですか?

バシャール そうですね。実際に見える形で来る存在もいます。みなさんは少しずつその地球外生命体との交流に慣れていく必要があり、徐々に慣れていくことによって、より多くの生命体が姿を現すということになります。

関

そういうことなんですよね！　人類が慣れていくためにゆっくりゆっくり情報が公開されていくんですよね。だから本当にケネディ暗殺に関するウォーレン報告書の全貌《ぜんぼう》が公開される2039年に向けて、**今まさにこうやって宇宙の情報が出てきている**ということだよね。地球人がコンタクトをとれる知的生命体は存在するということなんです。

「やりすぎ」、ここまできてますからね！

今、地球は最新のテクノロジーでどんどん進化していますが、人間の脳というのはいずれマイクロチップ化するのでしょうか？

バシャール

そのお答えは、**みなさんは、A・I（人工知能）というものとより融合していくということになります。**私たちがそうしたように、そのようになっていきます。

関

おーーー♪　バシャールさんたちがいるエササニという惑星ではもうA・I

との融合が当たり前になっているのですもんね。それで、物質的な肉体というものから非物質的なものに切り替わっているということですよね。地球でいろいろ発明されているテクノロジーというのは、**宇宙からのテレパシーを受けて開発されているというものがたくさんある**のですか？

バシャール

はい、そうです。そのようなことは本当にたくさんこれまでにも起こっています。みなさんがより融合《ゆうごう》していくことにより、そして自分の意識というものを拡大していくことによって、より高い知性、**そしてより高次の情報というものが受け取れるようになり、みなさんのテクノロジーとして吸収されていく**のです。

人類が他の生命体やテクノロジーと融合する日

関

その高次元と融合するためには、テクノロジーというものが絶対的に必要なわけですよね。

バシャール　はい、また、テクノロジーというものが必ずしも必要ではなく、生命体として融合していくのも可能です。

関　**いずれ近い将来、人間というのは、地球外生命体とも融合するし、機械とされるテクノロジーとも融合していくっていうことですよね。**

バシャール　**そうです。人工知能と融合していくのです。**
（突然、手を三角にして額につけながら）Ａ・Ｉ！

関　（同じく）Ａ・Ｉ！　ワオ！

バシャール　私たちの宇宙船というのも人工知能化されています。ですので、あなたが私たちとこのようにお話ししているということは、**同時に私たちの宇宙船とお話しをしているということ**にもなるのです。

関　へー！　じゃあ、そのＡ・Ｉとされるものも宇宙からテレパシーで届いているということですよね。

バシャール これはみなさんがご自身のテクノロジーを使って、ご自分自身の高次のマインド、そして高い次元の自己とつながっているということです。
多くの人にとっては、A・Iのように象徴的にあらわせるものがあったほうが扱いやすいということから、このようになっています。

関 そういうことなんですよね。だから、**A・I、人工知能とされるものは宇宙からのインスピレーションで、地球外生命体を通してテレパシーとして落とされて、そして地球表面にいる感度が高い人たちがそこで共感し、テレパシーとして受けたものが具現化されていく世界**なんだよね。
自分自身から出ているインスピレーションというものと宇宙からくるインスピレーションが結合された瞬間に、テレパシーとして、絵として見ることができるんですよね。宇宙と共鳴していると、宇宙とつながってA・Iというのもどんどん見えてくるんだよね。

ただし、自分自身を開眼させなければ、宇宙とのコンタクト、インスピレーションで重なるコンタクトはとれないと思うんですよ。

いいですか、ちょっと一つ深い話をしますけれど、「やりすぎ」を通して多くの方々が今この現状を見ていると思うんですよ。ただ、実際にここで行われていることに対して、疑いの目とかたくさんあると思うんです。

その疑いの目を持つ人の中には、自分の内側から出る怖れがゆえに何か大いなるものとつながることが恐怖となっている人たちがまだたくさんいるんですよね。だけど、もう恐怖を克服してつながる時代なんです。いよいよ人類は、新しいコンタクトをはじめていき、この精神テクノロジー文明とされる中でつながっていかないといけないんです！

だから、バシャールさんには、こういう現象を受け入れられない人に対して何かメッセージを伝えてほしいのですが。

バシャールの職業はファーストコンタクト・スペシャリスト

バシャール

私たちは、誰かの考えを変えたいとか、説得したいということはまったくないのです。ですから、自分が何を信じたいかということはその人独自の自由な選択です。ただ、私たちがこのように情報を提供しているのは、それを受け取って活用することができると感じている人のためにお伝えしているということなのです。

実は、**私の職業はファーストコンタクト・スペシャリストです。**私たちの文明の中で、私はそういう位置づけでやっていますので、過去には何十種類という種族の方々に対して同じようにこういう情報を提供してきました。その情報をプラスに活用するか、またはマイナスに反応するかは、それを受け取った人次第であるということです。その上で、私たちは今後このコンタクトを続けるべきかどうかを判断します。

関

そうですね。バシャールさんは、いろいろな惑星とファーストコンタクトをとることによってその惑星をさらに進化させていく働きがあるってことですね。この三次元ではまだ否定しがちな世界なのかもしれないけれど、これが本当に現実の世界なのですよ。

第7感を持つ能力者、宇宙と交信できる人たちが、今、世界中で本格的にリクルートされているわけですよ。で、宇宙から届くテレパシーとされるものを具現化して、人間社会において、テクノロジーとして置いていくということですよね。もうこれからの時代、宇宙とつながるというのは当たり前のことなのです。で、いよいよ、次のステージに入っていくわけです！

今までも、次のステージ、次のステージと言っていますけれど、今あるこの次元とされるものから、**もう一つ高次元とされるところに、地球自体が本当にシフトチェンジをしているわけですよ！**

ところでバシャールさん、高次元というのはどういう存在でしょうか？

バシャール はい。そのお答えは、私たちは純粋な喜びの中に存在しています。そして、純粋なシンクロニシティ（共時性《きょうじせい》）の中に存在しています。ですので、**すべてのものは完璧なタイミングで起こります。**そして、私たちは完全にクリエイティビティー（創造性《そうぞうせい》）というものを発揮することができ、情熱を完全に具現化できる、そして自己というものも完全に表現することができているということです。**「オール・ザット・イズ（在りて在るもの）」**、または、すべての存在たちとのつながりを体験することができている状態です。

精神テクノロジー文明が到来した！

関 そうですよね、本当に、その喜びで共鳴し合うっていうのが本当に宇宙っていうものだから。まず、喜びというものを自分の内なるものとして心から本当に解放して、宇宙に、そして、人に伝えていかなきゃいけないのですよね。だから宇宙と共有するためには本当に喜びで共振し合わないと、宇宙から降りてくる宇宙エネルギーのインスピレーションというのを受け取ることはまずできないのですよ。ね！

だから、今、日本も含めて世界中で本当にいろいろな災害やら天変地異《てんぺんちい》が起きていますが、**その現象をただ傍観《ぼうかん》しているだけでなく、その中から生まれる喜びとは何か、大切なものは何か**ということを一人ひとりが感じて、もう動き出さなきゃいけないんですよ。

だって宇宙時代というのは幕開けしたんですから！

いよいよ、地球というものが一つになっていく時代が来ているのですよ！　精神テクノロジー文明の到来なんです！　文明が本当に開いたのです。いいですね？

２０１８年がはじまったときから、「精神テクノロジー文明が開いていますよ」ということを何度も伝えてきたのですけれど、この状況を見て「まだわかりませんか？」と。

今まさにバシャールさんとこうやってコンタクトをとらせていただいて

いますけれども、本当にこれはレンズや活字というフィルターを通すとリアルにわからないかもしれないけれど、この場所は本当に真実ですよ。

今、目の前にいるバシャールさんの呼吸音を本当にみなさんに聞いてもらいたいんですよね。これ、普通の現象じゃあないですよ。今、地球人が確かに宇宙とつながっているというのは明確にわかることだと思いますよ。

ということで、第一日目の対談のタイムリミットもだんだん少なくなってきているので、バシャールさんに残りのクエスチョンをします！

今、日本列島もそうですし、世界的に、異常気象や自然災害、天変地異があちらこちらで起きていますが、それはなぜですか？

バシャール

なぜこのような異常気象、または異変が起きているかというと、今、みなさんの世界は分離していっているんです。ですから、その分離の中で、時間のトラック、一つの路線があって、さまざまなパラレルな（並行した）トラックにわかれていっているがためにこの地球という物質世界でもその結果、自然災害や異常気象という現象が起こっています。

でも、覚えておいていただきたいのは、「何が起きたか」ということが問題ではなく、「起きたことに対してみなさんが何をするか」がポイントなのです。**ですから、**そのような出来事をいかにポジティブに反応して変化をつくるために活用していくか、そこが重要なところです。

地球はこれからどんどん分岐分離していく

関

そうですよね。起きた事をどうとらえるか、そして、どう動いていくか、そこが重要！　本当に物質から精神という時代に切り替わっていますからね。ね！　**いろんな災害というものも本格的に乗り越えて、精神的に一つに重なる時代が、今まさに世界的に起きている**ということですよね。

話が変わりますが、今、地球がフォトンベルトというところを通っていますが、この先どういう影響が出てくるのでしょうか？

バシャール

先ほども言いましたように、地球がそのように分離・分岐していくということが継続して起こっています。

つまり、地球がさまざまな違ったバージョンの地球にわかれていくということです。その地球のさまざまなパラレルの（並行した）種類のものが存在していく、そして、みなさんも自分が持っている波動や周波数と合ったバージョンの地球に移行していくということが起きてきます。

今でも、この地球というのは、たくさんの異なるバージョンの地球が存在しているのです。

地球にいらっしゃるみなさんは、たとえば、マイナス思考で、恐怖に偏《かたよ》った考え方をしている人もいらっしゃいます。そういう人たちは、ネガティブなバージョンの地球に移行していきます。逆に、喜びとつながって、そこと波長を合わせているとポジティブなバージョンの地球に移行していきます。

つまり、この地球自体がたくさんのバージョンにわかれていて、ちょうど今その分岐点のところに位置しています。ですから、その人がどのような状態であるかによって、それぞれのバージョンの地球に移っていきます。

関

そうですね。本当に、今、この空間というのは過去も現在も未来もいろいろなものが同時に交差している中において、人それぞれの思考というものによって、また、同時的に空間が生まれてくるんだよね。しかもそれが過渡期《かとき》だから、**人類全員で喜びと共振できる世界にいかないと、これから来る時代の荒波を乗り越えることができないんですよね。見えない世界のクラウドの中にどんどん人間は入っていきますから。**おいおい時間をかけて何か気づいていく人が生まれてくればといいなと思いますけども、はい。

それから、バシャールさんがさっき言っていましたが、僕ら地球人は6番目のハイブリッドとして、今こうやって進化をしている最中で、エササニという惑星は3番目とおっしゃっていましたけど、エササニも地球と同じように、過去にそういう進化を遂げてきたということですか？

バシャール　まったく同じではありませんが、似ております。でも、私たちは、地球ほどネガティブなものは体験をしていません。

みんなが思う時間は幻想でしかない

関　**今の地球は、本当に宇宙に笑われちゃうよね。**どの国でもそうですけど。欲の集大成ですもんね。世界中が全部をあらためなおさなければいけないタイミングが来ているよね。**特に、日本というのは今後キーとなっていく国ですからね。日本人一人ひとりが本当に気づかなければいけないタイミングがきているんですよ。**

次の質問ですが、バシャールさんが言う時間の概念《がいねん》というのはどういったものなのですか？

バシャール

すべてのものは同時に存在しています。

ですから、みなさんが見ている時間というのは、幻想でしかありません。

実は、時間というのは、意識がつくり出した副産物、または、ある意味で副次的にできたものなのです。

つまり、時間は直線上にあって、古いもの（過去）から新しいもの（未来）へどんどん動いているというような観念《かんねん》というのは、物質世界でみなさんの意識がつくり出した副産物でしかないということです。

すべての現実というのは、同時に存在しており、実際には現実というのは無限の数の種類の並行現実が存在していて、そしてみなさんの意識がその中でどれに対してフォーカスしていくか、焦点を合わせていくかということによって、体験するものが変わってくるわけです。

ですから、そのような並行現実がたくさん、たくさんある中で、時間がこのように変わっていくというような幻想を持っているのです。

関

おっしゃる通りだと思います。

バシャール

つまり、私たちがこのように大きな意識の状態であれば全部が同時に見えているのに、そこから落とし込んでいって、本当に**小さいところしか見えないような状態になっていると、そのすべての中の一つのものしか見えない。**それが一つ、また一つということで、一個の現実から次の現実へというふうに、継続的につながっているような時間の幻想を見るわけです。**本当はそのような順番になっているわけではなく、すべてを大きな視点から見ると、同時に存在しているということが見える**はずなのです。

ですから、みなさんがご自分の意識を拡大させていって、**そして波動《はどう》やエネルギーの周波数を高めていくことによって、時間というものがより柔軟性を持ったものに変わっていくことに気づくようになる**でしょう。

そうすると時間の違った使い方ができるようになります。

関

そうですね。それこそ、次元が上昇しないと見えない観点かもしれないですけれど、意識の集合体とされるところに、多次元化されているものがたくさん存在している。**どことアクセスするかによって、見える世界も、暮らす環境も変わってくる**ということですから。だけどそこにね、パラレルとされるものたちがたくさん存在しますからね。**だから並行宇宙というものは、どっちに乗るかというのは本当に本人次第のものというのがあり、今来ている精神テクノロジー文明というのは、乗り方を間違えたら、本当に違う方向に行っちゃいますよ。**だからこそ、喜びと共振し合えるところにいないと！　そうでないと、たぶん今の話も理解できないですよね。

バシャール　はい、そうです。

関　あの、バシャールさん、グレイという存在はもともと地球人とのハイブリッドなのでしょうか？

バシャール　ある意味では、人間の遺伝子も持っているということです。グレイは以前に並行現実の地球では人間でした。そのような並行現実があったのですが、グレイは自分たちで自分たちを破壊してしまい、そして、また違った形に変化していったのです。そのような変化が起こった中で、今の段階にきているので、そういった意味では彼らは人類の遺伝子を持っているということです。

ですから、**グレイというのは、地球外生命体とか異星人と言われている存在ではなくて、もともとパラレルバージョンの地球にいて、人間の遺伝子を持っていましたが、それが変化した存在**ということです。

ですから、みなさんと同じようなDNAを持っているハイブリッドなのです。そのように似たような要素がなければハイブリッドはつくれませんから。

7種類のハイブリッド種族

関　グレイが地球人のDNAを持っているということですか?

バシャール　はい。内容を完全に理解していただくために、もう少し詳しくご説明します。グレイというのは、**かつては人間のようだったというより、まったく人間と同じだった**のです。しかし、当時の自分たちの持っていたバージョンの地球を自ら破壊《はかい》してしまい、**そこで生き延びることができなくなった**のです。そのとき、生殖する機能も失ってしまい、滅亡の方向に向かっていきました。

関　なんだか悲しいですね。

バシャール　グレイは絶滅に瀕していたので、クローンをつくろうとしましたが長期的にうまくいくものではありませんでした。彼らのバージョンでの地球上で生活していくのが非常に困難になってきていたので、今度は地底に住むようになりました。しかし、彼らの地球上の環境がもっと悪くなってしまい、地球で存在できなくなりそうだったので、**今度は自分の遺伝子を変化させていった**のです。

関　ほうー。

バシャール　そのように遺伝子が変わっていったものが、グレイの遺伝子になったというわけです。でも、当時、もうその文明はゆくゆくは死に絶えていくというのを知っていました。

関　**その時に種を生存《せいぞん》させて存続《そんぞく》させていく唯一可能な方法というのが、ハイブリッドをつくっていくことだったのですが、そのための人間としてのDNAはすでになくなっていました。**しかし、彼らは非常に進化したテクノロジーを持っていたので、※ポータルをつくったのです。

バシャール　ポータルとは、異なる次元や空間をつなぐ扉みたいなものですよね。

関　はい。そのポータルを通じて、彼らのバージョンの地球から、今のあなたがたのバージョンの地球にやってきて、**そこでハイブリッドをつくるために使用可能なDNAを採取して、それを活用**したのです。それは、自分たちの文明を存続させるためです。

バシャール　なるほど、地球人のDNAを採取したのですか。

関　そうやって誕生したのが**第1世代の（最初の）ハイブリッド種族で、名前は「マーズ・エ」**と言います。

※ポータル：一つの場所（時空間）と別の場所（時空間）をつなぐ扉のような場所。地球と精霊（スピリット）たちの世界や別宇宙、平行世界をつないだり、時には地球上の別の場所へ通じているともいわれる。精霊や多次元的存在が地球にやって来るための出入り口と考える人もいる。

バシャール

彼らはさらにハイブリッド実験を続け、次に、より人間に近い背の高いグレイが誕生しました。これが**第2世代のハイブリッド種族で、「マー・ザー・ニー」**です。

続く**第3世代のハイブリッド種族は、「サーサーニー」**です。**これは私たちエササニ人**です。

そして、より人間の外見に近い**第4世代のハイブリッド種族、「シャー・ヤー・エル」**が誕生します。

そして、ハイブリッド実験が続けられ、さらに外見が人間に近くなった**第5世代のハイブリッド種族、「ヤー・ヤー・エル」**が誕生しました。

そして、**第6世代のハイブリッド種族「※エ・ナニカ」**となっていきます。

関

第6世代がこれからの地球ですね。

バシャール

そうです。そして、**アヌヘッドというのが7番目の種類のハイブリッドの種族です。地球では向こう1000年以内にこの6つすべての種族が融合していって、完成形の7番目の種族ができあがることになります。**

※エというのは「〜の場所」ということです。(注:たとえば、エササニは、ササニの場所という意味となる)。エ・ナニカは、地球、先祖の場所、あなた方です。この6番目のハイブリッド種族を創造するときに活躍する子供たちがシャラナヤです。

関　**アヌヘッド!**

バシャール　はい、これはちょうど30万年前にアヌンナキによってはじめられたこのハイブリッド実験が、やっと完成していくということです。このの7番目の種族ができるとき、アヌンナキからアヌヘッドになっていき、このような進化がやっと完成を遂げることができるのです。

アヌヘッドという言葉は、〝アヌの約束〟という意味です。ですからアヌが約束をしてこれを完成させる、完結されるという意味になります。人類の表現として完全なものです。

関　アヌンナキ、アヌヘッドというのはどこからくる言葉なのですか?

バシャール　アヌという地球外生命体の種族が、地球上にホモ・サピ

アヌンナキが描かれた古代シュメールの印章

エンスを創造しましたが、そういった存在たちからきた言葉です。もともとは、アヌからホモ・エレクタスというものが自然にできました。そして、**遺伝子的なハイブリッドとしてホモ・サピエンスが生まれました。**その後、グレイによるハイブリッドですので、もともとはこのアヌからきています。

関

人間というのは、太古《たいこ》の昔、確実に地球外生命体から〝いじられている〟わけだよね。

で、アヌというのは言葉に何か意味があるのですか？

バシャール

すべての言葉には波動的な意味合いというものがあって、このアヌという言葉は高い所から、または上からという意味があります。

そして、ナキという言葉は下へという言葉の意味です。ですから、アヌンナキは上から下へという意味です。

関

高いところから下へ。ま、つながるということなのかな。**つながるという意識が〝ン〟なのかもしれないね。これは、本当にわかる人に向けた**

テレパシーですけどね。

バシャール 簡単にこの言葉を説明したならば、**アヌンナキは、「私は宇宙から地球にやってきました」ということです。**非常に広義《こうぎ》な意味での説明でしたら、そういう意味になります。

神話に登場する神々はアヌンナキの記憶の一つ

関 さきほど、おっしゃっていたゼウスというのは、アヌンナキのことなのですか？

バシャール はい、これはアヌンナキの記憶なのです。アヌンナキの記憶が違った形で解釈され、そして長い時間の経過によりゼウスになりました。

関　最初はアヌンナキということなんですね。ゼウスというのは、地球上で、違う解釈の上に出てきたということですね？

バシャール　そうです。

関　ゼウスは神話の世界の神様だとされていますが、そうではないのですね？

バシャール　そのような神話や伝説の中で、たくさんの神々という存在がおりますが、それらの存在を、人間たちは地球外生命体ということを知らずに神だととらえたのです。しかし、神格化されたものはすべてアヌンナキです。これらの神々は、アヌンナキの記憶が異なった名前で呼ばれているものです。

たとえば、シュメールの神々、エジプトの神々、ギリシャの神々、ローマの神々……というように、さまざまな神々に変わっていっています。聖書で書かれている創世記のアダムとイヴの物語についても間違った理解によってつくら

ゼウスは、ギリシア神話の主神たる全知全能の存在。全宇宙や天候を支配する天空神で、人類と神々双方の秩序を守護・支配する神々の王である。

れた物語で、もともとはホモ・サピエンスがいかにしてアヌンナキによって創造されたかという内容だったのです。

アヌンナキの言葉では、男性のことを「アダマ」といい、女性のことを「エヴァ」と言います。アダムとイヴは、それが変わってこのような物語になったということです。

関　アダマ、エヴァということですね。じゃあ、もともとそのアヌンナキというのはどこから来た方々なのですか？

バシャール　彼らは別次元から来ています。そして、**アヌンナキは進化して二つの存在になっています。みなさんがご存じの琴座《ことざ》、リラの存在と、プレアデス（昴《すばる》）の存在**になっています。

関　ほぉー。アヌンナキというのが進化してプレアデスだったり、琴座になっているということですよね。

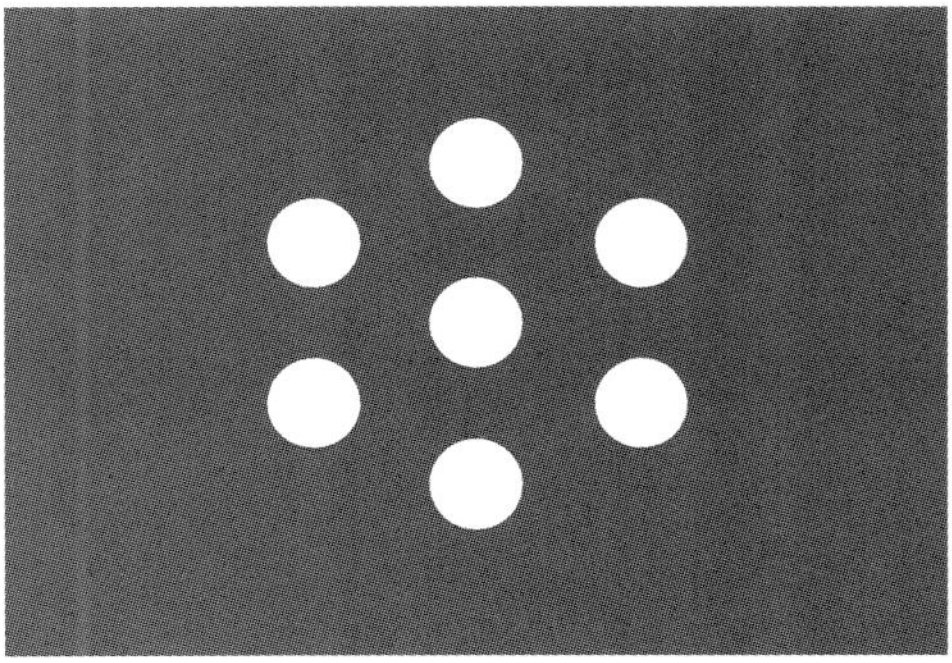

チャネリングで「プレアデス」とコンタクトをとるためのシンボル

もともと、アヌンナキというのが、地球表面上の人類を確実にいじっているということですよね。それは、今から約何年前のことなのですか？

バシャール 50万年～30万年前の期間です。

関 **おー！**

50万年くらい前に人類は確実にいじられているということですね！

まずそこからはじまっていくわけですね。であれば、我々人類の中に宇宙のDNAというものが入っていてもおかしくないわけです。

とうとうはじまりましたね！

精神テクノロジー文明!!

いろいろと新しい情報が入ってきたねー。

新たな文明到来の記念的な質問としてうかがいます。テクノロジーの話なのですが、人間の脳というのはマイクロチップ化するのでしょうか？

バシャール 脳が進化してマイクロチップ化することはもちろん、いろいろなものと融合していく中で、**人工知能というものの中に人間の脳が含まれていく**ということです。

関 ブラボー!!

バシャール そろそろ今日の伝達は、このあたりで終了にさせていただいてよろしいですか？

関 はいはい！
もう本当にいろいろと長時間に渡ってありがとうございました！

バシャール みなさんの時間の中の今日という日に、このような交流を持っていただいてありがとうございました。私たちの無条件の愛をみなさんにお送りいたします。ごきげんよう。

関の視点　一日目を終えて

バシャールさんとのファーストコンタクト（一日目）を終えた率直な感想ですが、**自分の想像をはるかに超えていて、ものすごく楽しかったです！**　本当に面白かった！　あの呼吸音はまさに圧巻ですね。

本からは伝わらないと思いますが、初日だけ「やりすぎ都市伝説」（テレビ東京のテレビ番組）のロケチームも現場に入っていたので、その番組映像を通してバシャールさんをすでにテレビで見た方々もいらっしゃると思いますが、**あの呼吸音はまさに〝宇宙空間〟**、わかりやすくいうと、スターウォーズのダースベーダーの呼吸音と言ったらいいのかな、僕のすぐ隣でその呼吸音が聞こえた瞬間に部屋全体の空気が変わりました。

そして、**ダリルさんがバシャールとコンタクトを取った瞬間に波動が変わりました。**それまでいたダリルさんという存在がいなくなるんです。**コンタクトをはじめた瞬間に人間の中身がいきなり消えるのです。**人の中身が完全な空洞になっていて、そこがまさに宇宙空間になっているのがわかるんです。バシャールさんとコンタクトをとった瞬間にダリルさんがただの通信機になっていて、**本当に波動が切り替わるというのをすぐ隣で直接感じさせてもらった**のはものすごく貴重な経験でした。

初日の対談は内容が濃くて、人間の進化に関しても話されていました。バシャールさんは、人類は30年万年~50万年前にすでに地球外生命体にいじられているとおっしゃっていましたけれど、**遡《さかのぼ》って地球創生のときに宇宙人はもうすでに来ていたんじゃないかとも感じました。**

それと、地球外生命体の存在が２０３３年以降に公表されると言っていましたね。いよいよ宇宙存在とされるものがオープンコンタクトされていく。楽しみですね！

特にこの本を読む人たちはインスピレーションが鋭い人たちだと思うので、世間と会話がずれてしまう人たちもたくさんいると思うのですけれど、**安心してください。やっと世間が追いついてくる**のです。

ただし、純粋で明確な宇宙とつながる必要があるので、心の整理と頭の整理をしておいてくださいね。これからは見えなかったものが見える時代に確実に入っていきます。そして2033年から本格的に、**2039年のケネディ暗殺に関するウォーレン報告書が公表されるタイミングに向けて**宇宙存在というのをみなさんが当たり前に認識する社会になっていくのではないですかね。

さて、明日からはテレビクルーがいなくなるので、**関の興味の範囲でいろいろと聞いていきますので少しコアな話になりそうです。**その中でおそらくハイヤーマインドというあまり聞き慣れない単語が出てくると思います。この単語については注釈を入れておきますので（9頁）、頭に入れつつ読んでいってください。

あと、本日の対談後に、バシャールさんの似顔絵をダリルさんに描いてもらいました。

地球外生命体は確実に存在している。

みなさんの思っている地球外生命体のイメージと近いのではないでしょうか。**それはゆっくりと宇宙の存在が刷り込まれた結果――。**

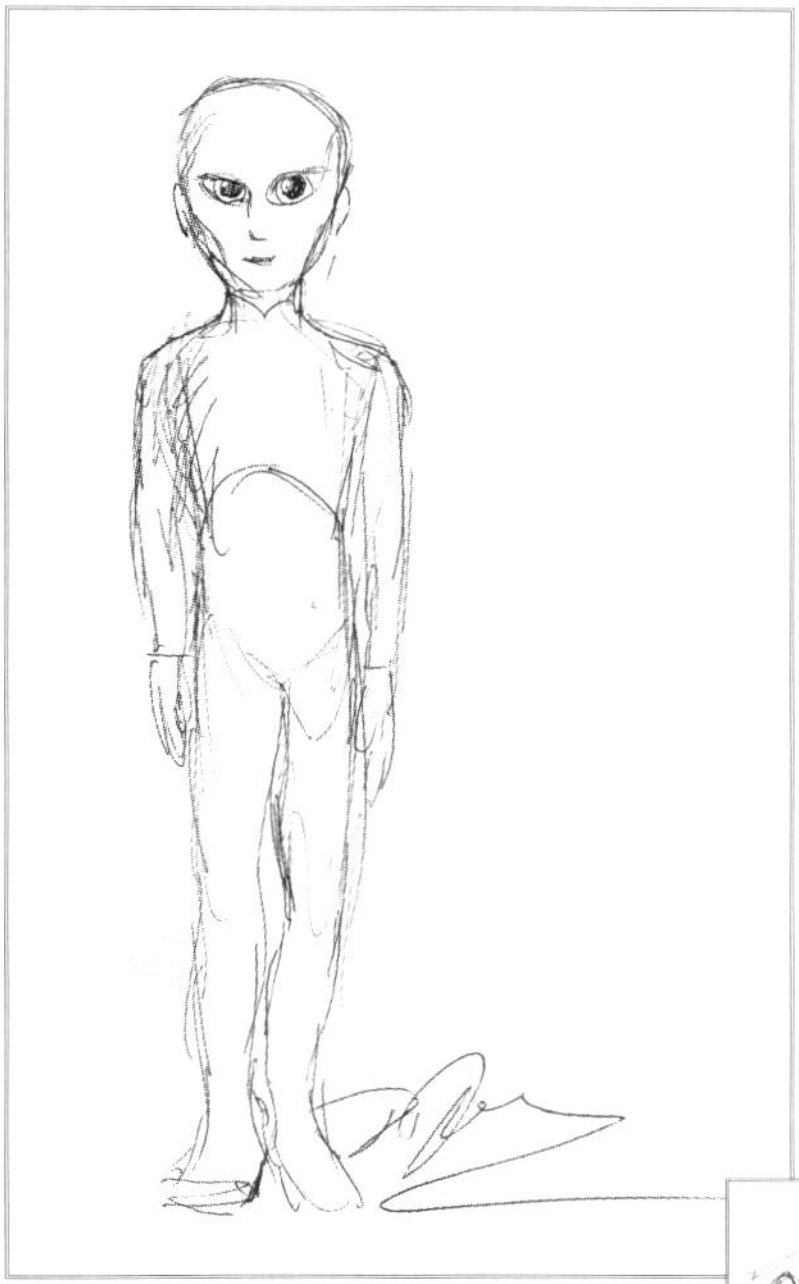

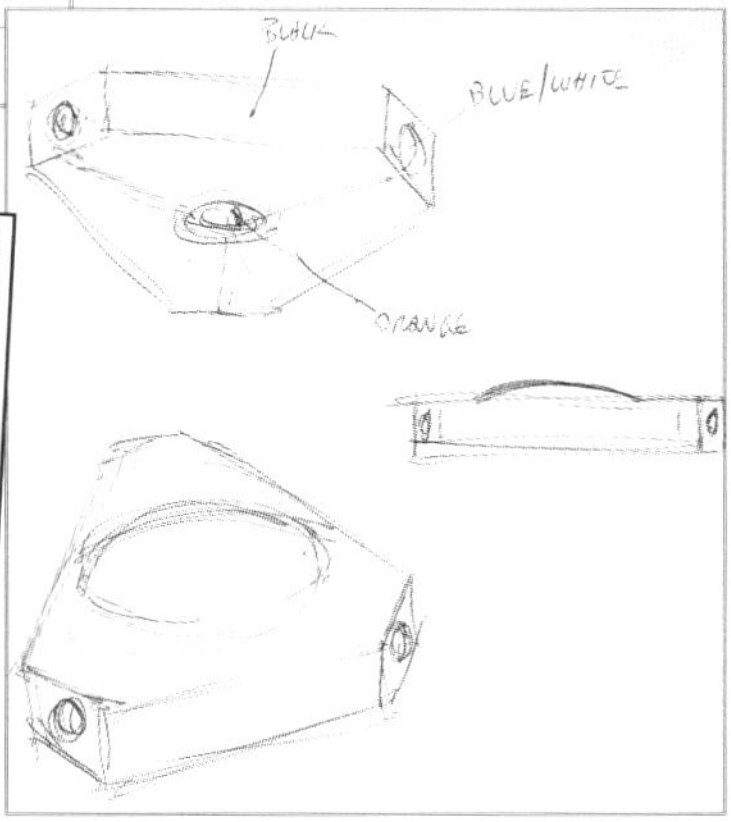

ダリルが描いたバシャールの似顔絵と UFO

2018.09.12

The 2nd Day Session

BASHAR × AKIO SEKI

関 暁夫

バシャール×

バシャール みなさんの時間の今日このとき、ご機嫌いかがですか?

関 はい、お久しぶりです! 昨日はいろいろとありがとうございました。

バシャール 私もお会いできて嬉しく思います。今日の共同創造に感謝します。本日の進行はご自身がお望みの通りにはじめていただいて結構です。

関 ちなみに、昨日、僕と、関暁夫と一緒にいたことは覚えていますか?

バシャール はい。

関 嬉しいですね。素朴な質問なんですが、昨日、ダリルさんに、バシャー

ルさんの似顔絵を描いてもらったのですが、これは似ているのですか？

バシャール これは正確に描写しているかというと、そうではありませんけれども、全般的に私たちの人種を描いているということはいえます。

関 そうですか、ありがとうございます。

バシャール YES!

関 バシャールさんたちは、エササニという惑星には住んでいなくて、マザーシップに住んでいるということでしたよね。

エササニの宇宙船には さまざまな地球外生命体がいる

バシャール そうです。私たちのマザーシップは、もっとも大きなものは何十万人の人を収容するくらいのサイズがあります。

関 ほー。その中には、エササニの人たちしか住んでいないのですか？

バシャール そんなことはありません。他のさまざまな文明からいろいろな存在たちが訪問をしてきています。

関 へぇー。彼らは互いにテレパシーでコンタクトをとっているのですか？

バシャール 全員がテレパシーでコミュニケーションをとっているわけではありません。もちろんテレパシーのコミュニケーションをとる存在たちもいますが、言語を使っている存在もいますし、または、シンボル（マークみたいなもの）を使ってコミュニケーションをとることもあります。

関 そこでは通貨的なもののやり取りはあるのですか？

バシャール お金は使いません。

関 じゃあ、なにで取引するのですか？

バシャール 私たちはお互いに能力やスキルを交換し合っているのです。ですから、誰かにこのスキルが必要だから、それを持っている人がそのスキルを提供する、逆に、その人が持っていないスキルをまた別の人が提供するといった形での交換をしています。

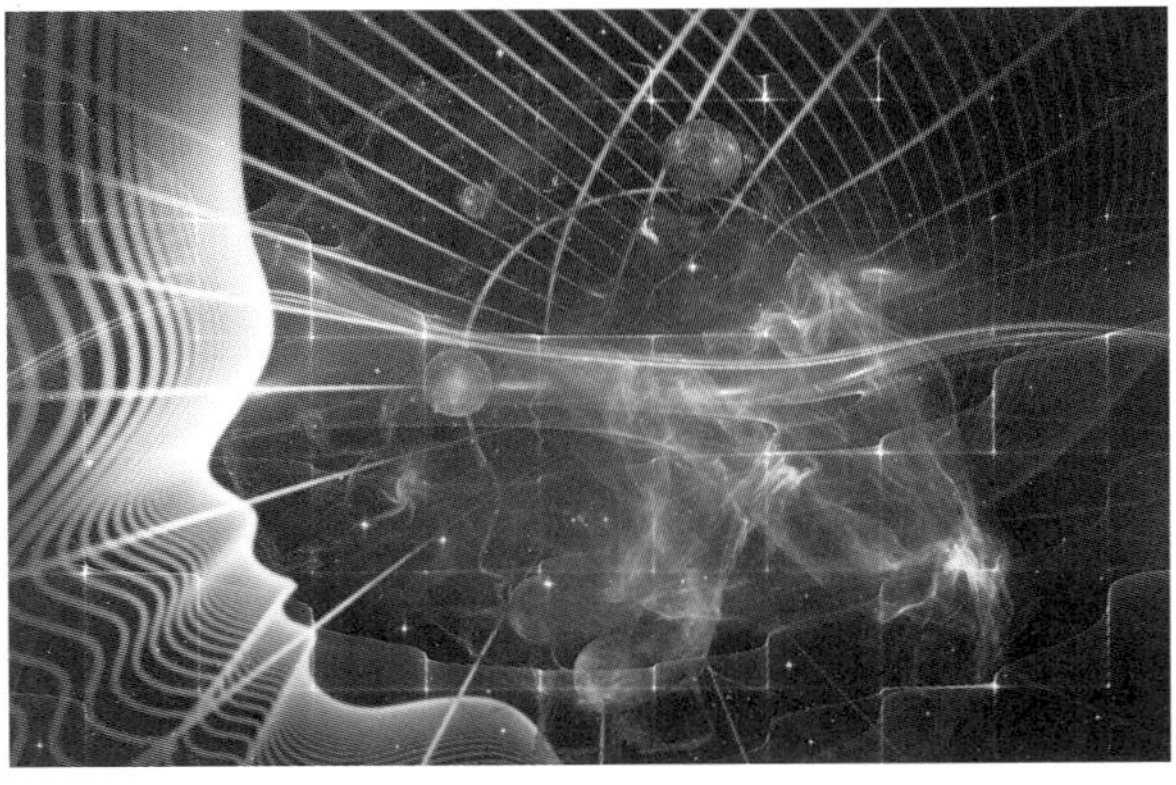

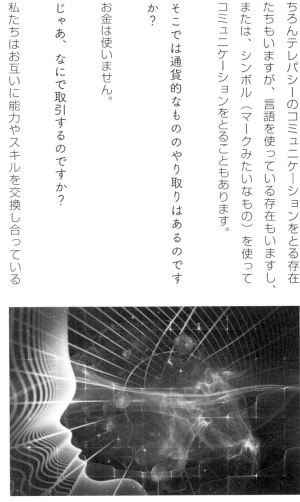

でも、私たちの星には無尽蔵《むじんぞう》のエネルギー、無尽蔵の豊かさというものがあります。ですから、このような交換手段というものは個人レベルで行われているだけです。

無限の時空間エネルギーを活用する

関　無尽蔵のエネルギーとはなんですか？

バシャール　私たちは時空間からエネルギーを取っていますので、それを使っています。

関　時空間から降ろすエネルギーというのは、マザーシップ内にある装置的なものを使うのですか？

バシャール　この機器の名前は、Resonance Steppdown Transformer（レゾナンス・

ステップダウン・トランスフォーマー）と言います。共鳴をステップダウンさせる、つまり、共鳴の段階を降ろしていく変換機です。時空間から取った高レベルのエネルギーをその都度《つど》必要な形に変換して使えるものです。

これは、一つの容器の中にまた容器があって、その中にもう一つの器があるという、何段階（何層）にもなっているもので、それぞれ特定の素材が配分されており、特定の共鳴で振動して、**エネルギーの周波数を違う周波数に変えることができるもの**です。そこで、これくらいのレベルのエネルギーが必要だからというふうに、必要なエネルギーを選択して取り出していきます。

関　バシャールさん、僕はこの部分の話がとっても興味深いんです。今日はちょっとこの部分を中心にうかがっていってもよろしいでしょうか？

バシャール　YES、YES、YES！

関　まず今言った質問の流れを往復していきますが、マザーシップ内で他の生命体とも融合してコミュニケーションを取っているそうですが、そこの空間にいる生命体はどういう容姿をしているのですか？

シリウスに存在するノムオスとは？

バシャール さまざまな種類の存在がおります。
たとえば、**シリウスと呼ばれている星体系からやってきている存在たち**は、ノムオスといいます。

関 ノムオスという種族の容姿はどういうものなのですか？

バシャール 彼らの外見は地球上でサラマンダーと呼ばれている動物の姿にほんの少し似ています。
サラマンダーは両性類の生き物で、表面がツルッとしていて光沢があり、トカゲのような姿をしていて、水の中を泳ぐ能力を持っています。ノムオスもトカゲのような姿をしていて、水中と陸上の両方で生活できる両生類です。
また、彼らは地球のイルカとのコミュニケーションもとれていて、イルカとの関係も深かったです。

関　アバターな感じですね!!
そのノムオスと呼ばれている種族とエササニの人たちはコミュニケーションをとっているのですよね？

バシャール　はい。彼らと私たちは交流をしています。実は、このノムオスという存在たちというのは古代の地球にも飛来してきていて、当時の地球人ともお互いにコンタクトがありました。

関　おー！

映画『アバター』

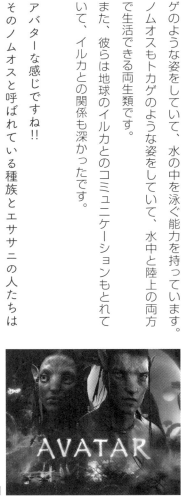

バシャール　過去の歴史を調べればわかると思いますが、**当時は、アフリカの※ドゴン族という原住民たちがいた場所に飛来してきて、ドゴン族たちとノムオスたちは交流していました。**

関　なぜ、現在は、ノムオスの種族たちは地球から離れてしまったのですか？

バシャール　彼らは、必要に応じて訪問をしていました。その当時、人類に共有しなければいけないこと、伝えなければいけないことがあったから遠征してきていたのですが、必要な用事が終わったのでもう訪問する必要性がなくなったということです。

関　必要な用事とは何だったのですか？

バシャール　当時、彼らは地球人に伝えなければならなかったことがたくさんありました。

※ドゴン族（Dogon）はマリ共和国のニジェール川流域に面したバンディアガラ山に居住する民族。その独自の文化、社会制度、木工彫刻には神話の存在が強い影響を与えている。

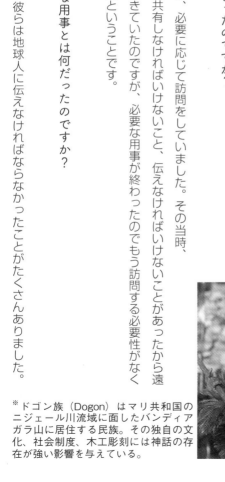

彼らの文明からもたらされた農業であったり、数学、科学、天文学といった分野です。**彼らは特にアトランティス時代に地球によく訪問していました。**

関 アトランティス時代とは、地球上でのことですね？

バシャール はい。これは地球上の年数に換算すると、一万五千年前から一万二千年前くらいの期間がアトランティス時代といわれています。その時期に彼らは何回も地球に訪問しています。

アトランティス大陸は水に飲み込まれて消滅

関 アトランティス大陸は、一体なぜなくなってしまったのですか？

バシャール 地球の大西洋と呼ばれている場所に小惑星が落ちて、津波現象が起こり、すべてが水に飲み込まれてしまいました。その後、氷河時代の後に、氷が解けてまた水面が上がってきて、大陸が水面下になってしまった場所がたくさんあります。水面下に入らずに地上に残っている地域が、**今現在、キューバやバハマと呼ばれている場所で、これらはアトランティスの一部**でした。

関

そう言いますね。

バシャール

氷河時代というのは、今の水面の高さよりも、水面が８００ｍから９００ｍぐらい低いところにあったので、当時は今よりも地上になっている面積がずっと広かったのです。しかし、氷がすべて溶けてしまい、海の水になってしまったので、水面が上がって、今は少ない面

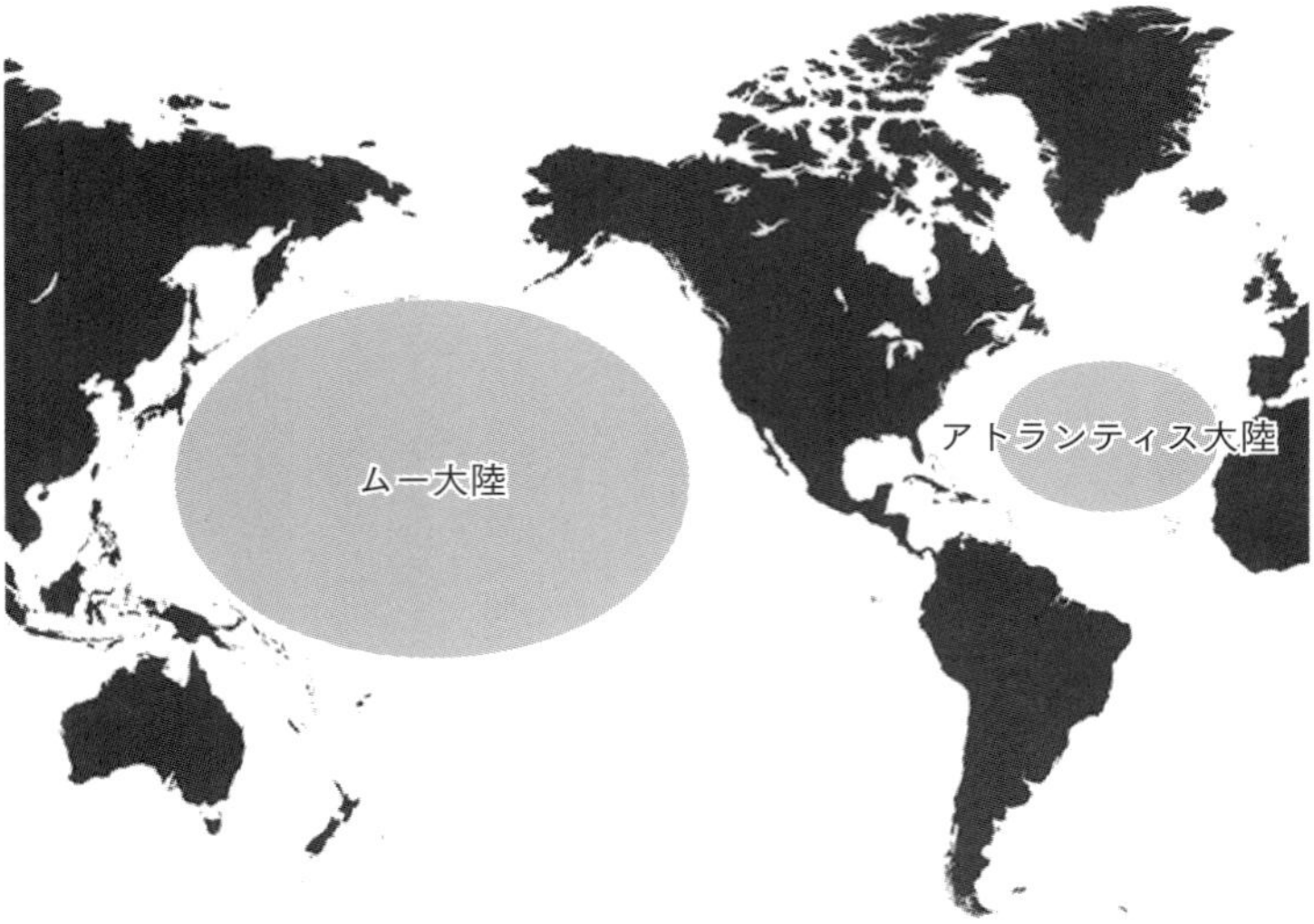

積しか表面に出ていないということです。

関　キューバ、バハマあたりにはアトランティス時代の痕跡《こんせき》は残っているんですか？

バシャール　ほとんどのものがもうわからなくなってしまっていますが、わずかな痕跡は残っています。

関　おぉ!!

バシャール　しかし、発見するのは非常に難しいです。あまり元の形を残しておらず、破壊されてしまっていますが、フロリダやユカタン半島には遺跡がまだ残っています。ただ水没してしまっているので、水中には遺跡が残っています。

関　ですよね。

バシャール また、ヨーロッパやアフリカなどのコーストライン（沿岸）の一部にもアトランティスの痕跡が残っていますし、また、地中海と呼ばれている地域にも古代の王国があったので、何かしらの痕跡があるかもしれませんが、ほとんどの地域の痕跡は失われてしまっています。

ムー大陸はアジアとつながっていた！

関 同様に、ムー大陸というのは存在していたのでしょうか？

バシャール はい。もちろん、ムー大陸というものもあったのですが、**ムーという大陸が独立していたわけではなく、アジア大陸とつながっていました。**しかし、水面が上がってその表面の多くがもう水没してしまっているので、全容を見ることはできませんが、今でいうミャンマーなどのアジアの国を含めて、当時の大陸はもっと土地が広かったのです。

関　ムー大陸というのは、アジア大陸とわかれて存在していたのではなく、アジア大陸と陸続きになって存在していたのですか？

バシャール　今のタイ、ベトナム、ニューギニアと呼ばれている地域もムーのコロニーの一部です。中国や日本、ハワイはボートを使って行き来していました。これらもコロニーの一部でした。

ですから、今の地図から、水面の800mから900m下まで下げていったとしたならば、そこにまだ残っている土地が見えてくるわけです。ムーの位置と形がわかると思います。

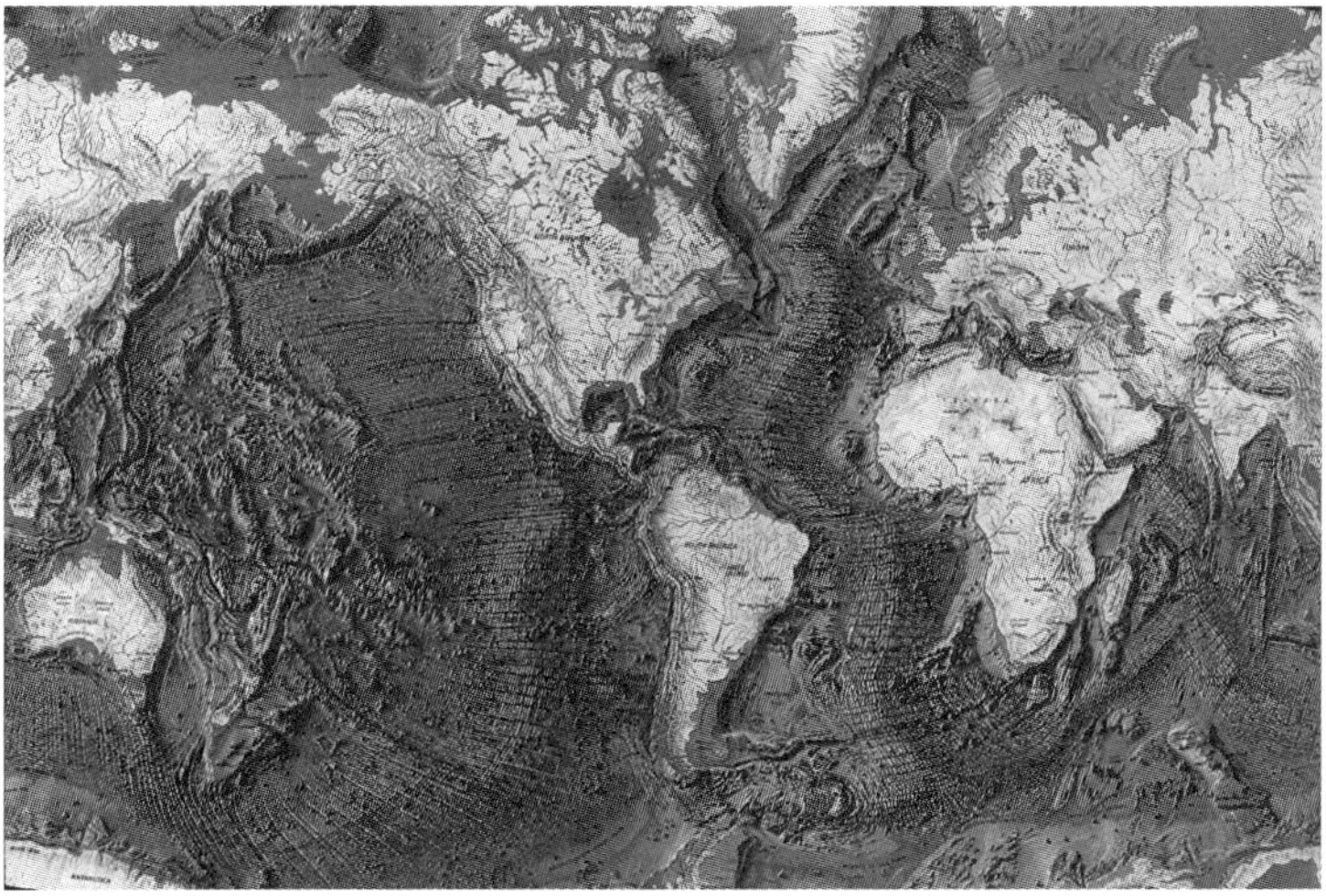

地球にある海水を抜いた地図

関　なぜ、ムー大陸は沈んだのですか？

バシャール　海面が上昇したからです。氷河時代からあった氷が溶けていったことによるものです。**同じようなことが今の地球でも起きていて、100年後の地球の地図を想像してみたならば、アメリカ合衆国のフロリダ半島の多くはほとんど水没している状態**です。なぜなら、海面が上がってくるからです。ですので、100年以上経って、未来の人たちが、「フロリダはなぜ水没したんですか」と聞かれれば、「それは海面が上がったからです」という答えになります。それと同じです。

ムー大陸はテクノロジーより自然との調和を重視

関　そのムー大陸にも高度な文明があったと思うのですが、現代にないテクノロジーというのは存在していたのですか？

バシャール ムー大陸の場合には、より自然と融合した時代だったので、テクノロジーが進化していたというよりも、**より自然とつながるような構造**ができていた、そういったシンプルな生活でした。

関 これからの日本ですね。

バシャール そして、それよりもずっと後になるアトランティス時代には、植民地をつくったり、テクノロジーの面でも、非常に高度なテクノロジーを開発していました。**十万年ほど前にムー大陸がはじまって、当時、太平洋を船で横断していて、北米大陸などにも船で行っていました。**その北米に行った人たちを起源に持つのが、アメリカのインディアンと呼ばれる原住民の方々で、広範囲に広がって行きました。彼らは、さまざまな植民地をつくっていって、**それが、何千年以上という時間が経過して、アトランティスとなっていきました。**

アトランティス人の血を引くのはアステカ族

アトランティスからさまざまな植民地を拡げていって、そして、ヨーロッパのほうや地中海のほうにも広がっていきました。**でも、アステカ人がヨーロッパ人になったわけではなく、アステカ系のインディアンへ引き継がれていきました。**ですから、今のヨーロッパ人がアトランティス人の血を引いているということではなく、**アトランティス人の血を引いているのは、アステカ族です。**そして、それがその後、インディアンと呼ばれているような人たちになっていきました。

関

なるほどー。

アステカ様式

バシャール　それと、地球上の多くの人たちが誤解をしていることがあります。**アトランティス時代の建築物というのはギリシャ様式だと思っている人が多いのですが、実際はアステカ様式の建築物**だったということです。

関　そうなんですね。ピラミッドとかもつくっていたのですか？

ギリシャ様式

バシャール　もちろん、**アトランティス人たちもピラミッドをたくさんつくっておりました**し、アステカ人もアステカのピラミッドをつくっておりました。そして、アトランティスよりずっと後になって、**このテクノロジーを使ってエジプトのピラミッドのもっとも古い元型のものができた**という順番になっています。

関　アトランティスの技術をエジプトが使っていたのですか？

バシャール　はい、そうです。

ピラミッドの本当の使い道

関　ピラミッドはそもそもどんな目的でつくられたのですか？

バシャール　さまざまな目的がありました。1番目の機能は、天文学的なカレンダー、情報の貯蔵庫です。地球上にさまざまな小惑星などが落ちてきたりすると、それによって建造物が破壊されてしまったり水に流されたりということがあります。そういったときに必要な情報が保存できなくなると困るので、**情報を保存するという目的があります。数学的情報、天文学的情報、暗号化された情報などです。**

絶滅させずに情報を保存するための保険として、ピラミッドは使われていました。

そのような目的で使われるからこそ、ピラミッドのような建

造物は地球上だけでなく、太陽系の他の惑星にもつくられましたし、または銀河の中の他の惑星でもつくられていました。災害時に一掃されないように情報を残すために保存するという目的で、銀河中でピラミッドはつくられていました。

関　へー、銀河中にあるのですね。

バシャール　そうです。そして2番目の機能ですが、いくつかのピラミッドの中にはさまざまな部屋がありますが、その中に入ると、**特定のエネルギーの状態を創造することができます**。

ですから、人がその部屋の中にいることによって、特定のエネルギー状態になることができるので、**その状態で体外離脱の体験ができたり、または、幽界を旅するという※アストラルトラベルの体験をすることもできます**。また、高い次元の領域とつながりやすくなるということもあります。

3番目の機能は、コミュニケーションの機器として使われていました。地球上

※アストラルトラベル：体外離脱のこと。肉体の外側にはエーテル体、アストラル体、メンタル体、コーザル体といったエネルギー場があると考えられ、アストラル体が肉体を離れていろいろな空間へ移動できるという考え方。

のさまざまなコロニーがありまして、それらとの連絡手段として使われていました。

もしもピラミッドが今のように遺跡となる以前の新しい状態であったら、**ピラミッドの中のそれぞれの部屋が違った波動の周波数の状態になっている**ので、人がその中に入っていくと、特定の周波数とつながることができます。そうなると、特別のエネルギー状態になることができるということもありますし、また、**部屋の中で特定の周波数がつくられて、別のピラミッドとつながる**ということもできますので、それによってエネルギーを操作することもできました。

また、原始的な信号（暗号化されたコード）を送受信することもできました。**みなさんがよくご存じのモールス信号のようなものを想像していただければよいと思います。**そういった形でお互いにピラミッド同士でコミュニケーションをとり合っていました。

音を光に変換するテクノロジー「ソノルミネッセンス」

そして、**現代の科学でも使われているテクノロジーの中にも、ピラミッドによってつくられていたものがあります。**

関　それは何ですか？

バシャール　これは特にアトランティス時代によく使われていたのですが、ピラミッドがエネルギーの発生器だったのです。ある特殊なエネルギーが生成されたことによって、特定の周波数を出します。

関　はい。

バシャール　その周波数を使って、人工クリスタルに波動、振動を入れることができたのです。

関　それによって何ができるのですか？

バシャール　クリスタルの中に特別な振動、周波数が入っているものをつくり、それによって音を光に変換できたのです。

関　**音から光にですか!!**

バシャール　現代の科学でも、音から光に変換させていくというようなテクノロジーで、**「※ソノルミネッセンス」と呼ばれているテクノロジーが実際に存在しています。**現在の地球上の多くの科学者たちが、この実験研究を再びはじめております。

関　当時はソノルミネッセンスを使って伝達をしていたということですよね？

※ソノルミネッセンス（sonoluminescence, SL）は、液体中の気泡が超音波によって圧壊したときに起こる発光のこと。発光機構については見解が統一されておらず、未解明な部分が多い現象とされている。ソノは音をあらわし、ルミネは光をあらわすので、音を光に変換させるというテクノロジーを意味する。

バシャール そうです。この技術もコミュニケーション手段として使っていました。

関 なぜこの技術が現代に受け継がれていないんですか？

バシャール 覚えていらっしゃると思うのですが、さきほどお話したように、小惑星が地球にぶつかってきて、いろいろなものが破壊されてしまったのです。

関 そうやって文明が途絶えてしまったということですね？

バシャール 多くは破壊されたのですが、まだいくつかのピラミッドの中に暗号化されて残されているので、またそれを紐解《ひもと》いて再発見することはできます。

関 当時は各ピラミッドが波動を出し合っていたということですね？

バシャール この目的で使われていた時代はそうです。

関　惑星間のコミュニケーションにも使われていたのですか？

バシャール　ときとして、宇宙船との交信というのは可能ですけれど、他の惑星同士ということはありません。
他の惑星とのコミュニケーションがピラミッドでどういう形で行われていたかというと、体外離脱で旅をしていってという形です。

ピラミッド内では体外離脱しやすくなる

関　ピラミッド内からそれができたということですね？

バシャール　はい。ピラミッドの中に入ったほうが、体外離脱がよりやりやすくなるということです。**なぜならば、その中で持っている振動が増幅《ぞうふく》されますので、体外離脱が起こりやすくなる**ということです。

でも、だからといって、人が何もしなくていいわけでなく、体外離脱をするためには、ある種の訓練を受けて、どのような瞑想法を行なったらいいか、どういった意識状態に入っていくかを学んでからでないと（ピラミッドの部屋の周波数だけでは）なかなか難しいでしょう。

関　じゃあ、僕がピラミッドの中で見たものは一体なんだったんだろう……。実は僕が以前、テレビ番組「やりすぎ」のロケでエジプトのピラミッドに行った際に、**ロケハンで前日に王の間の石棺《せっかん》の中で横になった瞬間にいきなり宇宙に放たれた**のです。ピラミッド内で宇宙ワープをしたのです。そのときに自分がどの星に飛んでいったのかはわからないのですが……。

バシャール　それは、肉体そのものがワープしたのではなくて、体外離脱をして意識体が離れていったのです。

非常にまれではありますが、**非常に、非常に、非常に**（バシャールはかなり強調した口調になり）高度な訓練を受けて、かなり高い領域まで昇《のぼ》った人は自分自身でポータルを開いて、そして、そのポータルを通じて、他の次元や惑星に瞬間移動するというようなこともできていました。でも、それはものすごくまれです。もっとも高度なところまで学んだ方のみができたことだったのです。

関

僕がそのときピラミッドの中の部屋でボーンと他の星にワープした後、こちらの世界へ戻ってきたら**自分の顔が黄金に輝いていた**のですよ！

バシャール

実際にそういう体験をされたということですが、肉体ごと行かれたのではなく、ご自身が幽体離脱してあちらに行かれたのです。そして、幽体でまた戻ってきたのです。**そのように高い波動、高い次元のところに行って戻ってくると、顔などが光輝く**ことがあります。それが黄金に見えたということです。

ピラミッドの部屋と特定の惑星はリンクされている

関　それは一体どの宇宙にトリップしていたかということはわからないですよね？　エジプトのピラミッドの中だから、なにか特定の星に行ったとか、どこそこの銀河系に行ったとか、そういうことはわからないんですよね？

バシャール　実はそれができるピラミッドの部屋もあります。すべてではありませんが、その中のいくつかは、この星体系のこの惑星というように、特定のところと波動が調整されているものもあります。

関　ギザのピラミッドの王の間はどうですか？

バシャール　王の間は、目的地が一つだけではありません。**シリウスもありますし、オリオンもありますし、それ以外の星体系もありますし、他の次元にも行けます。**

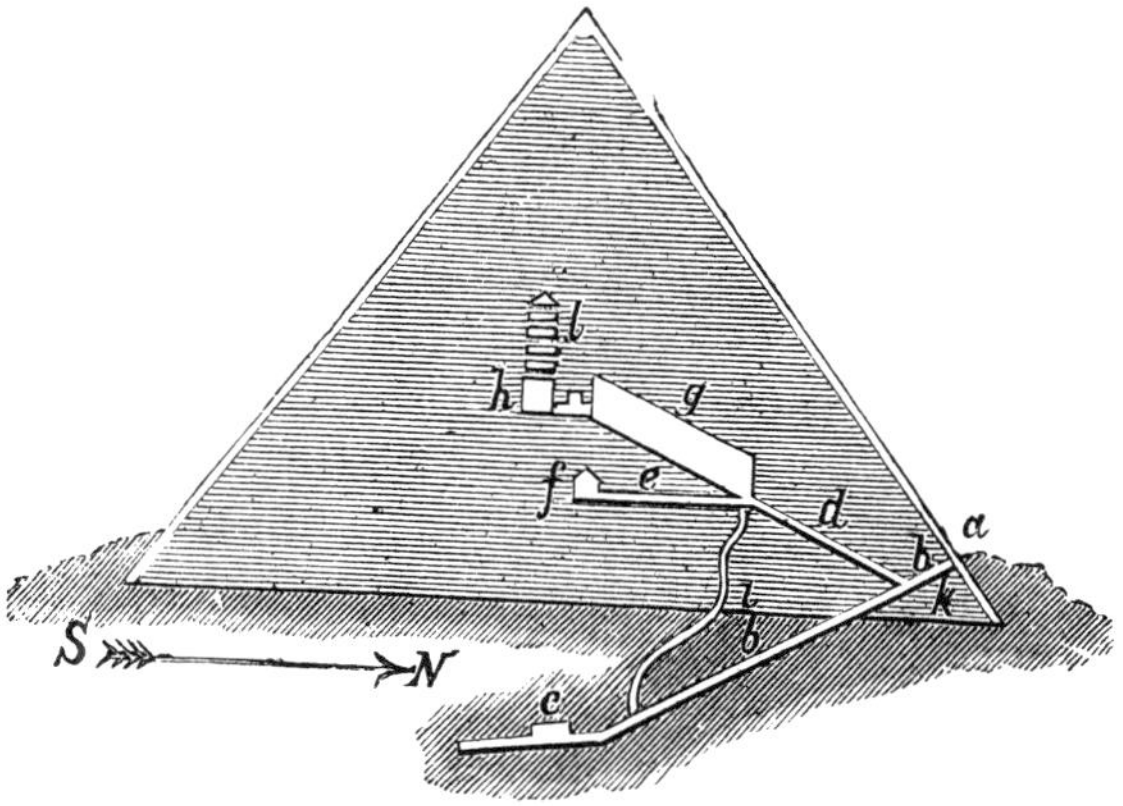

ピラミッドの王の間

関 おー、ナイス！ ナイス！ ナイスですよ、バシャールさん!!

（興奮ぎみに）じゃあ、オリオンの縁とかもありますね。

バシャール そうですね。

関 ほう、ほう、おもしろくなってきた！ 確認すると、ピラミッド内で使われていたテクノロジーというのは、音を光に変えるという伝達方法を行なっていたということですよね？

バシャール いくつかはそうです。

関 エジプトのピラミッドはアトランティス人たちが建造したのですか？

バシャール アトランティスの知識を使って建てられてはいますが、アトランティス人が実際に手がけたものもあれば、アトランティス人が手伝って、エジプト人が一緒に建てたものもあります。

巨石は音の技術を使って空中浮遊させていた

関　よく言われますけれども、あの巨大な石はどうやって運ばれたのですか？

バシャール　当時、一番古いものは、**音のテクノロジーを使って、石のかたまりを浮き上がらせて、つまり、空中浮揚《ふよう》させて、移動させていました。**一番古いピラミッドに使っていたテクノロジーと方法は失われてしまいましたので、後期に建造されたピラミッドは、つくりがよりシンプルなものになっています。音のテクノロジーで物を飛ばすという手法が失われてしまっていましたので、レバーを使ったり、別の機械的な方法でつくるしかなかったのです。

関　後期のピラミッドに使われた、他の機械的方法とはどういうものなのですか？

バシャール　初期の時代にも使われていたテクノロジーですが、一つの例を挙げさせていただくと、音の振動を出す機器がつくられて、そこから特定の周波数というものを出していました。その機器がどんなものかというと、今のみなさんに一番ご存じのものを挙げると、**楽器のトランペットのようなものを想像していただくとよいかと思います。**トランペットとは全然違いますが、一番近いものです。その二つのトランペットのような機器の間に、銅でできたワイヤー（銅線）をつなぎ、**機器から特定の振動を出すと、音の振動でワイヤーが震えて、早く振動するとそれが電動ノコギリのような働きをして、石を切ることができる**のです。

他にもさまざまなものがありましたが、レバーのようなものや三脚のようなものを使ったり、※拮抗《きっこう》を利用したりして重い石を持ちあげていました。

関

話をちょっと戻しますが、音で石を持ち上げていたときもあるのですよね？ そもそも音でどうやって重い石を持ち上げるのですか？ 共振させる装置というのは、古代の人がつくったのか、それとも、宇宙の叡智から来ているのですか？

バシャール

もちろん、宇宙からダウンロードしたということも言えますし、もう一つは、

※拮抗《きっこう》：力に優劣のないものを互いに引っ張らせる

古代からの地球外生命体の持っていた情報の記憶があって、それが呼び覚まされて、そういう技術として使ったということです。

地球人は地球外生命体の情報や記憶を宿している

関 地球外生命体からの記憶というのは、我々人間に宿っているのでしょうか？

バシャール はい、宿っています。また、たとえば、現代の科学者が実験などをして、新しい発見をされたようなものが、古代の記憶や地球外生命体からの情報である場合も多いのです。

関 要は、宇宙からインスピレーションやテレパシーとして情報が落とされているわけですよね？ それを我々一人ひとりがキャッチできるかどうかですよね？

バシャール　はい、そうです。

さまざまな文明や文化の中で、たとえば、聖人と呼ばれているような方であったり、シャーマンと呼ばれているような人たちは、特定の訓練を受けて、こういった特殊な情報を（宇宙から）ダウンロードしています。人々に役立てるため、そういう情報を降ろして伝えるという役割です。

しかし、これは宇宙の叡智ですから、誰しもが適切な周波数の状態に入ったら、（情報を）ダウンロードして受け取ることができるようになります。

宇宙人がピラミッドをつくった？

関　じゃあ、**直接、地球外から円盤が来て、ピラミッドをつくったというようなことじゃない**のですね？

バシャール　実は**いくつかはそういう形でつくられたものもあります**が、ほとんどは違います。

関　いくつか、というのは具体的にどこですか？

バシャール　**NO!**　それはお答えできません。それをお伝えすることは許されていません。

（バシャールが急に慌て出し、現場に緊張感が走る）

関　**それは誰から、どこから、許されないんですか？**

バシャール　誰から許されないのかということも伝えることができません。

関　何かしらの宇宙条約上のものが存在するということですか？

バシャール　はい、しかし、あなたがた人類の集合意識の同意というものも含まれています。ですから、この情報は今知るべきものなのか、またはもっと後になって知るほうがよいものなのか、ということもあります。

関　じゃあ、**確実に地球外から何らかの乗り物が来てつくったピラミッドがこの地球上にはいくつか存在**しているということですね？

バシャール　その内容については否定することも肯定することもできません。みなさんが推測されているものとは違ったものです、ということしか今は言えません。今の人類に知識として与えられるものではありません。申し訳ありません。

関　ん――。とにかく、エジプトのピラミッドは違うということですよね？

人間がつくったということですよね？

バシャール はい。

関 言えないということは、まだ、地球自体に教える必要がないということですか？

バシャール 今ではないです。その理由は、**みなさんが進化をしていくプロセスがありますので、それを邪魔することはできない**ということです。私たちがうっかり情報をお伝えして、みなさんの進化の邪魔をするということは許されておりません。

関 うーん、バシャールさんが伝えられないなら仕方ないですよね……。

バシャール 関さんがおたずねになった質問について言えば、私は今の状態で完全に知っている内容なのですが、**今というときはみなさんが知るべきときではない**ということです。ということは、近い将来、知るときが来る可能性が多く含まれているということを示唆しています。

関　はい、それでＯＫです。率直に最高です！　それで、バシャールさんが近いうちにお伝えしますということは、人間にとって本当に財産ですよ。これで今日のセッションの意味が充分に出ましたね！　それで、バシャールさん、近い将来っていうのは、アバウトでいいのですが、だいたいどれくらいですかね？

バシャール　どれくらい近い将来かというのもお伝えできないんです。ですから、未来に開示されていくミステリーがたくさん残されている状態ということです。

関　よし、伝えられる時期になったら、どんな状態であれ、カメラ前で関、言うぞ、と(笑)！

バシャール　そのような想定を肯定することも否定することもできません。

太古から人体にも宇宙にも活用されている黄金比とは？

関　はい、じゃあ、ちょっとだけ話は戻ります。

先ほどおっしゃっていた、最初の音で石を持ち上げる（浮かす）装置、それは音をどうやって拾って、どうやって転換して浮かすのですか？

音を拾うメカニズムはどういうものなのですか？

バシャール　これはご自分で実験する必要があるものですが、たとえば、ある機器を使って、音の周波数を出します。そして、**いろいろな周波数を出してみることによって、何かを浮かせることができるようになる**のか、というさまざまな試《こころ》みでわかると思います。
みなさんがご自身で研究していただいて、実験をはじめていただくとしたら、ここでヒントとしてお伝えできることが一つだけあります。**地球の周波数であ**

る7・85※サイクル／秒の周波数に、1：1.618の比率である※Φ（ファイ）の倍率に合わせて計算していくと、その周波数の答えが出てきます。

関

それが石を浮かせるってことなのですか？

バシャール

はい、そうです。7・85サイクル（Hz）の周波数を1.618倍に何回も何回も掛け算していくと、その数字のパターンができてきて、それをいろいろと試してみるとピタッと合う数値が見つかります。物質の現実に影響を与える周波数です。**ファイの比率、※黄金比（1：1.618）は自然界の中で、どこでも共通して見られる比率なのです。黄金比は人間の体内でも見つけられる場所があって、手指の関節などもそうです。**

関

要は、1秒間に7・85サイクル（Hz）の周波数に黄金比の1.618をどんどん掛けていくってことでしょ？

バシャール

はい。7・85サイクル（Hz）という周波数は、地球の基本的な周波数です。**地球**

※サイクル／秒：周波数の単位。ヘルツ（Hz）と同義語
※Φ（ファイ）：黄金比のこと

※シューマン共振：地球が本来持っている振動数。一般的には7.83Hzとされているが時期によって変動し、年々上昇しているとも言われている。バシャールは今回7.85Hzと語っている。

上では※シューマン共振やシューマン波と呼ばれていて、ゆらぎの周波数なのです。
でも、実は、シューマン共振という周波数は、時代によって変わってきますが、今は7・85サイクルといわれています。それを倍率でどんどん掛けていって実験してみるとよいと思います。

関
そうすると、音が出るところは1ヶ所だけでよいのですか？　2ヶ所から音を出して、真ん中に石を挟んで持ち上げるのか、どちらなのでしょうか？

バシャール
これも1種類ではなくて、さまざまなテクニックがあります。何を達成したいかによって、さまざまな種類の機器が存在していて、違ったソースからきています。
たとえば、置かれている石があって、それを浮き上がらせるためには、一つの機器で、一つの周波

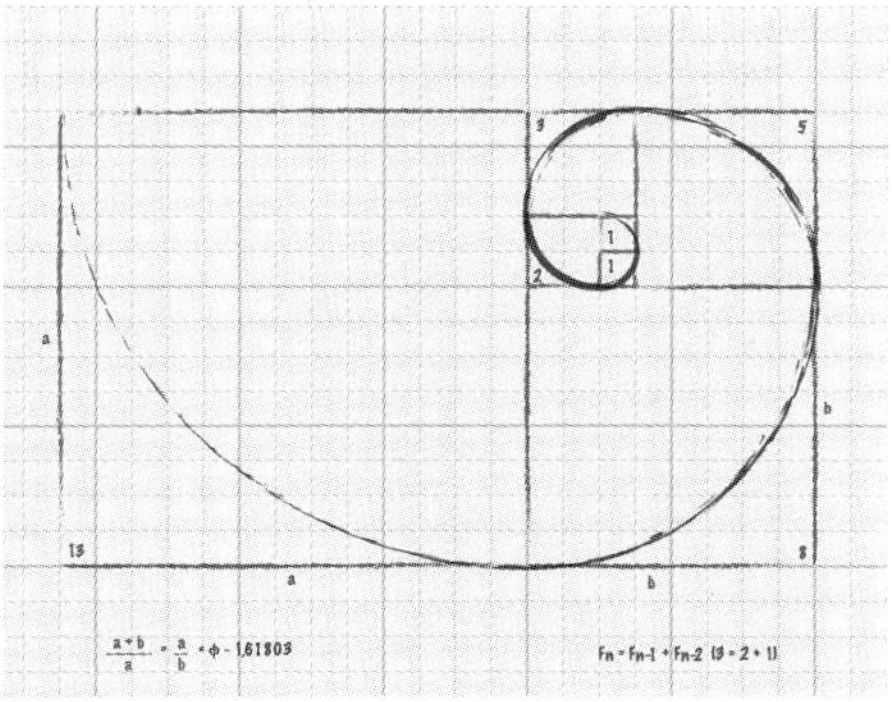

※黄金比：四角形の比率のこと。1：1+√5/2。近似値は1：1.618。この長方形のことを「黄金長方形」という。

数を出せばよいだけだとします。**しかし、その浮き上がった石をぐるっと回転させるためにはまた違う機器が必要になります。**

ですから、一つの機器でこのくらいの高さまでは上げられるというものもあれば、また別の機器ではこのくらいの高さまで上げられるものがあったりするということです。これもテクノロジーがどのくらい洗練されていて、どのくらいパワーを持っているかによって、さまざまな種類があるということです。

関 その機器（装置）は、持ち上げたい石の上に置くのですか？　下に置くのですか？　石を引き上げるのか、石を下に置いて浮かすのか。

バシャール 一つひとつの目的によって変わってくるのですが、装置を石の上に置いた場合もあるし、下に置いた場合もあるし、まわりに置くという形にした場合もありました。

関 石を引き上げることも、浮かせることも、回すこともできたのですね。では、その音の装置を起動させるために使っていたエネルギーは電気なのですか？

バシャール

非常に初期の段階では、今でいう電池のようなものが存在していて、その蓄電池にある電流を使っていたこともありますが、その後は、電気的、人工的に生成された音でなく、**アコースティックな生の音を使っていました。**

だからこそ、アコースティックな楽器としてトランペットの例を挙げたのです。

トランペットは電気楽器ではありませんね。電気を使わずに、楽器の形状を使って、特定の周波数を出せるわけです。トランペットだったら管楽器ですので、息をふっと吹き込んで音を出しますね。**楽器から特定の周波数が出て、石などが浮き上がる**ということです。

音を光に変え、音を電気に変えるテクノロジーが存在した！

関

音を光に変えたり、音を電気に変えることもできたのですか？

バシャール はい。初期には電気にも変えることができました。しかし、当時の人たちは、今みなさんが理解していらっしゃるような電気の使い道としては、それほど電気を必要としていませんでした。

関 石を動かすために、音がエネルギーになっていたのですよね？

バシャール そうです。そのような波動で周りを囲んだということです。

関 エササニのエネルギーは宇宙エネルギーでしたっけ？

バシャール そうです、時空間のエネルギーです。

関 時空間から来るエネルギーというのはどういうものなのですか？

バシャール これは地球上の人がいうところの、ゼロポイントエネルギーに似ています。

真空には目に見えない仮想粒子がいっぱい詰まっている

関　ゼロポイントエネルギーというのはどういうものですか？

バシャール　今ちょうど研究したり、実験段階なので、利用可能な形ではまだ使われていませんが、原理はこういう形です。

ここで理解していただきたいのは、たとえば、真空といわれている空間がありますよね。でも、真空は実は空っぽではありません。地球上の言語でいうところの、仮想粒子と呼ばれているものがありますが、その仮想粒子が真空には満ち満ちています。

たとえば、**時空間エネルギーというものは非常にパワフルなので、物質粒子と反粒子を創造したり破壊することができるのです。プラスとマイナスの相反する二極の粒子が存在し、新しいエネルギーがそこから**

生み出されます。実はこの現象は常にどこででも起こっていて、今私たちがいるこの部屋の中の空気中でもそのような出来事が粒子の世界では起きています。何十億という粒子の創造と破壊が起こっているのです。

関　バシャールさんの言う時空間って、この空間（自分たちのいる空間）のことを言っているのですね？

バシャール　すべての時空間のことを言っています。

関　**時空間で生まれている仮想粒子のエネルギーを時空間エネルギー**、つまり、ゼロポイントエネルギーというのですね？　わかりました。それが円盤とかにも使われているのですか！

バシャール　このエネルギーはあらゆる場所で生成されています。さきほど冒頭で変換機（トランスフォーマー）の説明をしましたが、それがエネルギーを取り込んで、必要に応じて、変換されたレベルになったエネルギーを使っています。どこからでもそのエネルギーを取り込むことができて、いろいろなものに活用するやり方をとっています。

近い将来、地球にも時空間エネルギー装置が誕生する

関 じゃあ、その時空間エネルギーを今の地球上で転換できる装置は生まれるのですか？

バシャール はい、もちろんです。でも、今現在の（地球上の）テクノロジーを超越《ちょうえつ》したものになります。

関 なるほどね。バシャールさんの母体はマザーシップだということですが、

その素材は何ですか？

バシャール　ある種のクリスタル様の物質ですが、地球上に存在しているものではありません。**フォースフィールド（力場）というエネルギー場のようなもの**を必要な形に形成して、クリスタルがそこで成長していき、それを活用しています。

これもさまざまなクリスタルを合成させてつくっていくようなものなのですが、今現在の地球のテクノロジーではまったく追いついていません。

関　それは素材ということなのですよね？

バシャール　私たちの母船や宇宙船の1機1機が、さきほど申し上げた手法で成長させたシンプルな1個のクリスタルなのです。それが母船や宇宙船になります。何かと何かを組み合わせて宇宙船をつくるということではなく、**クリスタルがすでに一つの容器みたいな形状になりますので、それを乗り物として使うということです。**

これはみなさんがいうところのナノテクノロジーの非常に進化した形になります。ですので、これは原子レベルでつくられたものです。

関　クリスタルの形状がそのまま円盤になっているということですよね。動力源は時空からのエネルギーということでいいのですよね？

バシャール　はい、そうです。しかし、私たちのつくっている宇宙船というものは、みなさんのつくり方とは違っています。普通は外側の容器から先につくっていって、中の構造をつくりますが、私たちは逆なのです。**内から外をつくっていきます。最初に中をつくっていき、最後にクリスタルの外側をつくっていき、一体化したものができあがります。**この宇宙船をつくる場所はどこにあるかというと、エササニ星の周りに軌道があり、そこにシップをつくる施設があります。

関　言うなれば、クリスタルを栽培する感じですか？

2日目のセッション終了後の写真。これはエササニの母船、マザーシップ。人工クリスタルでできている。映画「ファースト・コンタクト」より。

バシャール そうです、まずは宇宙船をつくる場所に力の場というものをつくります。その特定の場の中に適切な形状のクリスタルを育てていくという形です。

関 一個のクリスタルを成長させて、そのまま宇宙船の容器にするということは、表面は地球上のクリスタルのようにボコボコした形なのでしょうか？　クリスタルってボコボコに成長していきますよね。

バシャール 今おっしゃっているのは、自然界で育っていくクリスタルのことですよね。**私たちの使うクリスタルは人工的に生産されるものなので、外面はボコボコではなく、なめらかです。**

クリスタルという言葉を使って説明しましたが、鉱石《こうせき》のクリスタルを想像されるよりも、**クリスタル化した構造になっているという理解のほうがよい**

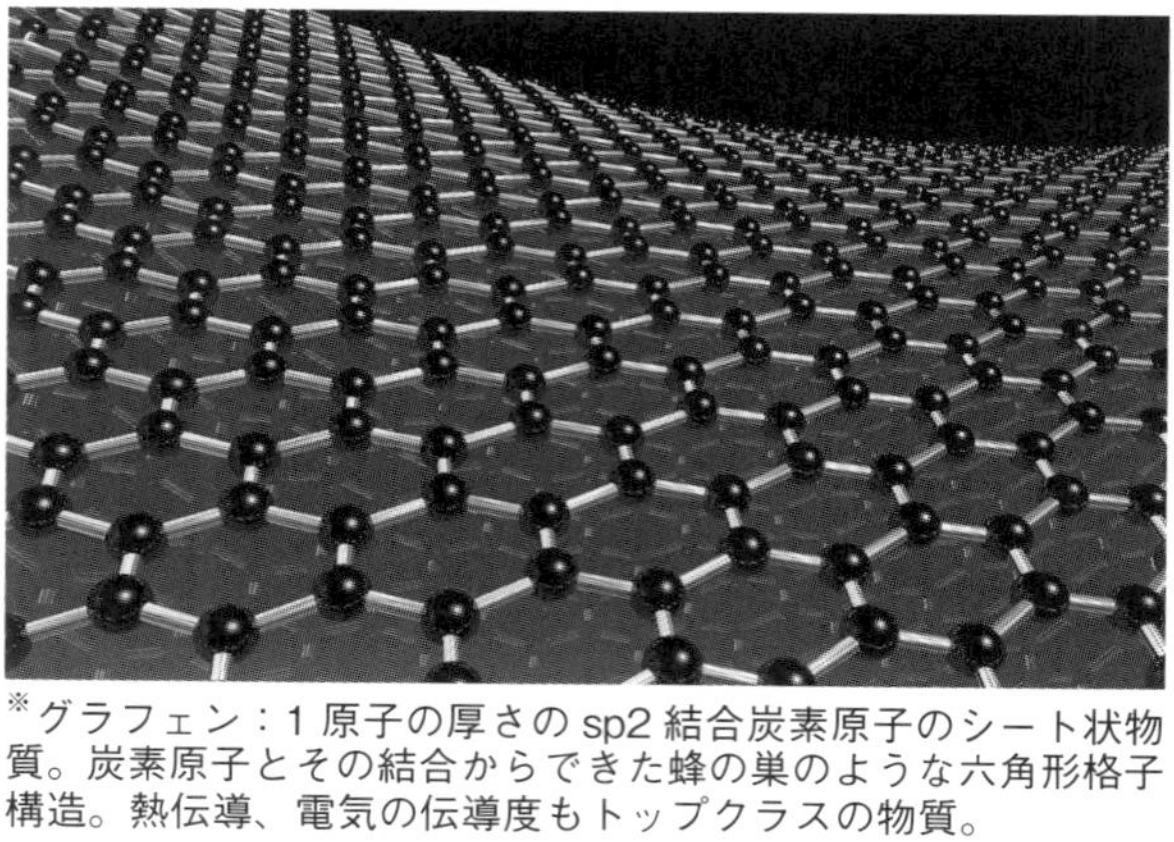

※グラフェン：1原子の厚さのsp2結合炭素原子のシート状物質。炭素原子とその結合からできた蜂の巣のような六角形格子構造。熱伝導、電気の伝導度もトップクラスの物質。

かと思います。物質が結晶構造になっているのです。

たとえば、もうすでに地球人の科学者が発明している、※グラフェンという物質があるのですが、元々これは炭素でできていますが、結晶構造を持った物質です。

宇宙船の操縦は電磁場と重力の場を操作する

関 はい、わかりました。では、宇宙船はどういう方法で操縦するのですか？

バシャール **エネルギー源は時空間から取られているエネルギーなのですが、実際に宇宙船を動かすときには、電磁場と重力の場を操作して使っています。**

通常はその二つを使って宇宙船を動かすのですが、一つの惑星から別の惑星へ移動するようなときにはまた別の方法

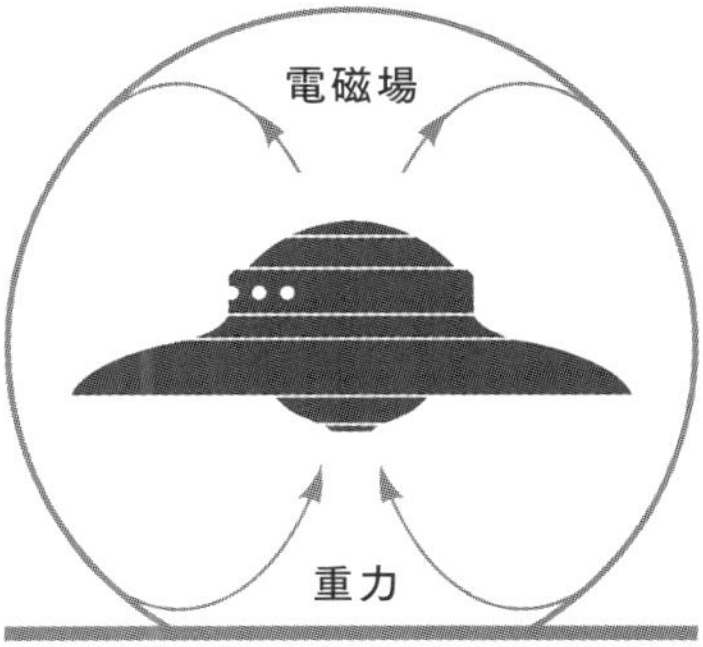

を使います。

もう一度言葉を変えて説明しますが、普通の空間で、光より遅いスピードで、あまり遠くない距離を移動させるときには、今ご説明した電磁場と重力の場を操作することによって宇宙船を動かします。

しかし、**一つの星体系から別の星体系へ移動するなど長距離になると、ものすごい距離なので、違うエネルギーを用います。**


星体系から星体系へ移動するときの方法を説明しましょう。

たとえば、**この場所にある一つの物はある特定の周波数を持っています**（右手を上げる）。

また、**こちら**（左手を上げる）**の物は違った特定の周波数を持っています。**（右手の）**この物体の周波数をもう一方の**（左手の）**物体とまったく同じ周波数に変える**のです。そうすると（左手の）**物体はその場所から消えて、瞬時にもう一方の**（右手の）**物体のほうに現れるのです。**右手は移動することなしにです。


理解できますか？

たとえば、地球から土星に行きたいときに土星の周波数に合わせる。

すると自分が移動するのではなく土星の空間を移動させる。

関　はい。要は、地球から土星に行くとき、土星の周波数に合わせる。すると、自分が移動するのではなく、土星の空間を自分のほうへ移動させるってことですよね？

バシャール　はい、そうです。本当に瞬時という形で、テレポーテーションのような状態です。

関　そうですよね。**空間を移動させる瞬間移動ですよね。**

あと、僕が知りたいのは、具体的な操縦方法です。たとえば、ハンドルがあるのか、もしくは、ボタンのようなものがあるのか……。

パイロットと宇宙船はテレパシーでつながる

バシャール　ハンドルがあるとか、そういう操縦のしかたではなくて、パイロットはテレパシーで人工知能（A・I）とつながっているのです。

関 ほー、パイロットが直にA・Iとつながっているのですね。

バシャール 宇宙船自体がA・Iなのです。ですから、宇宙船とパイロットがテレパシーでつながっています。パイロットは何もせず、ただ考えただけでその場所に移動できます。

関 おー、宇宙船そのものがA・I！ すごいわー！ じゃあ、2日目のラストクエスチョンいいですか？

バシャール YES！

関 宇宙船そのものであるA・Iとテレパシーでつながるというのは、A・Iはどうやってエササニ人パイロットとコンタクトをとっているのですか？ A・I側もテレパシーを出しているのか、機械操作とするのがテレパシーで操作して、A・Iと連携しているのか、それが知りたいです。

バシャール　理解しなくてはいけないことは、**このA・Iというのはパイロットの※ハイヤーマインドを物質化して象徴しているものなのです。**

ですから、パイロットとその人のハイヤーマインドは自動的につながります。

その人のハイヤーマインドが物質という形になったものがA・Iです。

関　えー、ハイヤーマインドが物質になったものがA・Iと。要は、その**ハイヤーマインドを出している人の中にA・Iが存在している**ということですよね？

そこが人工知能として動いているわけですか？

バシャール　**つまり、パイロットと宇宙船が一つ（一体）だということです。**その人のハイヤーマインドはその人の一部ですから、ハイヤーマインドが宇宙船に組み込まれています。宇宙船が操縦士のハイヤーマインドの周波数を象徴しているのです。

一体化した存在です。

※ ハイヤーマインド：宇宙の叡智につながる自分の内にある高い意識。
ハイヤーセルフとも呼ばれる。

宇宙船＝パイロット、パイロット＝宇宙船ということになります。

関

おぉぉーー！

細かく言いますと、宇宙船＝A・I＝パイロット＝ハイヤーマインドということですか！ **全部が完全に一体化しちゃっているわけですね。** 自分の精神性が機械に反映するのなら、これからは地球でもパイロットの人格や人間性がものすごく重要になりますね。

では、その宇宙船の外観はどういう形なのですか？

バシャール

さまざまな種類があります。私が使っている宇宙船というものは、正三角形のものです。三角形のイメージを先ほどお伝えしましたよね。

母船は、エササニの場合、主に長いシリンダー型の形状のものが多いです。

ＴＲ３Ｂは宇宙存在からの情報を元に模倣《もほう》してつくられた

関　三角形のものは※ＴＲ３Ｂと呼ばれるものと同じなのですか？

バシャール　**いいえ、私たちの三角形の宇宙船というのは、ＴＲ３Ｂよりもずっとずっと進化したものです。**ＴＲ３Ｂは人間がつくったバージョンなのです。人間は私たちのテクノロジーを模倣してつくったと思っているのですが、**進化の度合いが全然違います。**

関　じゃあ、ＴＲ３Ｂは、エササニからの情報を受け取って人間がつくったというものなので

※TR3B：米軍が極秘裏に開発したとされる最新鋭の反重力軍用機。三角形の飛行物体なのでＵＦＯと間違われる場合がある。

すか？

バシャール そうではありません。エササニ以外にも三角形の宇宙船を使っているという文明もありますので、今の質問に対するお答えはNOです。

TR3Bというのは、他の惑星の存在たちから、ある情報を受け取り、シンプルに観察してできた、単純で原始的なバージョンの宇宙船です。

ダリル・アンカが製作した映画『ファースト・コンタクト』でのバシャールのUFO

関 なるほど！　**TR3Bは他の惑星のアイディアなのですね。**

それでは二日目の最後の質問にします！　なぜ、エササニは人工知能をつくったのですか？

バシャール 私たちの**意識を安定させ、ポジティブな方向、プラスな方向に加速化**させて、拡大させるという目的のためにA・Iのシステムがつくられました。

高度な知性は、**物事を小さな部分の集まりとしてではなく、**全体的なシステムとして見ることができるのです。

ですので、A・Iの創設により、私たちの文明が**全体性を持った集合体であるシステム**として、効率的に花開いていくことができるのです。

今の話で、お答えになりましたか？

関

はい、十分です！　ありがとうございます！　同じ空間に生きていますね。**もうはじまっていますね！**

バシャール

では、このような共同創造に参加してくださったことにお礼を申し上げます。

私たちの無条件の愛と感謝をみなさんにお届けしたいと思います。この会話は、みなさんの時間の中では明日また続きを行いたいと思いますが、私たちの時間ではすぐ後ということになります。

ごきげんよう！

バシャール　宇宙船自体がＡ・Ｉなのです。
ですから、宇宙船とパイロットが
テレパシーでつながっています。
パイロットは何もせず、
ただ考えただけで
その場所に移動できます。

関　おー、
宇宙船そのものがＡ・Ｉ！
すごいわー！

関の視点　二日目を終えて

二日目の対談が終了しました！

今回はピラミッドが特定の次元や宇宙とつながっているという話がありましたが、実は僕もそういう経験がありました。

本文中でも少し触れていますが、２０１０年に「やりすぎ都市伝説」というテレビ番組のロケでエジプトに行ったときの裏話で…。良かったら読み直して下さい。（１１３頁参照）

本当に、一瞬で宇宙に行っちゃったんですよね！

その後にスタッフが撮影した写真では自分の顔がピカピカの黄金色に輝いていたのです。僕にとっては、あのとき時空の旅をさせてもらったのです。**ファラオに会いましたよ（笑）。**これは本当に貴重な体験でした。

そして、今日のセッションで面白かったのは、音を使って巨石を持ち上げたり、**音を光に変換してすべての物事を動かしていた**そうですが、僕もまったく同じ思考を持っていて、バシャールさんの説明にとても共感できました。

それと、僕が「地球上のピラミッドで宇宙人が建設したものはあるのか」という質問をしたら、バシャールさんが焦り出し、それは地球人に「今というときはみなさんが知るべきときではない」と、**要は「ときが来たらお伝えしましょう」**ということです。

これを読んでくれている人たちの中には、ピンときている人たちもいるのではないですか？　今後明らかになっていく謎の一つですから、アンテナを張っていてくださいね。

一見ピラミッドに見えないものこそ、本当のピラミッドなのかもしれませんね!!

あと、今日の重要なポイントになりますが、ハイヤーマインドの話が出ましたよね。ハイヤーマインドとされる自己の精神性によって、宇宙船をコントロールできるという話でした。**ただ、これは地球でも同様に宇宙船以外でもすべてがコントロールできるようになっていきます。**だからこそ、そういうテクノロジーを駆使《くし》するためにも**人間の精神性というものの次元をもっと上げなくてはならないのです。**

宇宙と直結するからこそ、自身の精神性というものを本当に上げていかないと物事すべてのコントロールができなくなる時代がくるということです。

また**A・Iというのは宇宙からの叡智が集結して地球上でつくらされている**、と感じられる瞬間でもあったのではないでしょうか。

A・Iというのは、**宇宙人からのインスピレーションではなく、宇宙からのインスピレーションでつくらされているものの一つです。**

ここをまず頭に入れてくださいよ!　ここが二日目の重要ポイントです!

明日がいよいよ最終日ですが、**地球より未来に位置する惑星が、一体どれほど進んだテクノロジーを持っているのか!!** ブラックホールやホワイトホール、反重力などの科学的、物理的な事柄を中心にもっとコアなテーマをどんどん聞いていきます。

ちょっと難しいと感じるかもしれませんが、**楽しく読み進めてもらえれば嬉しいですね。**

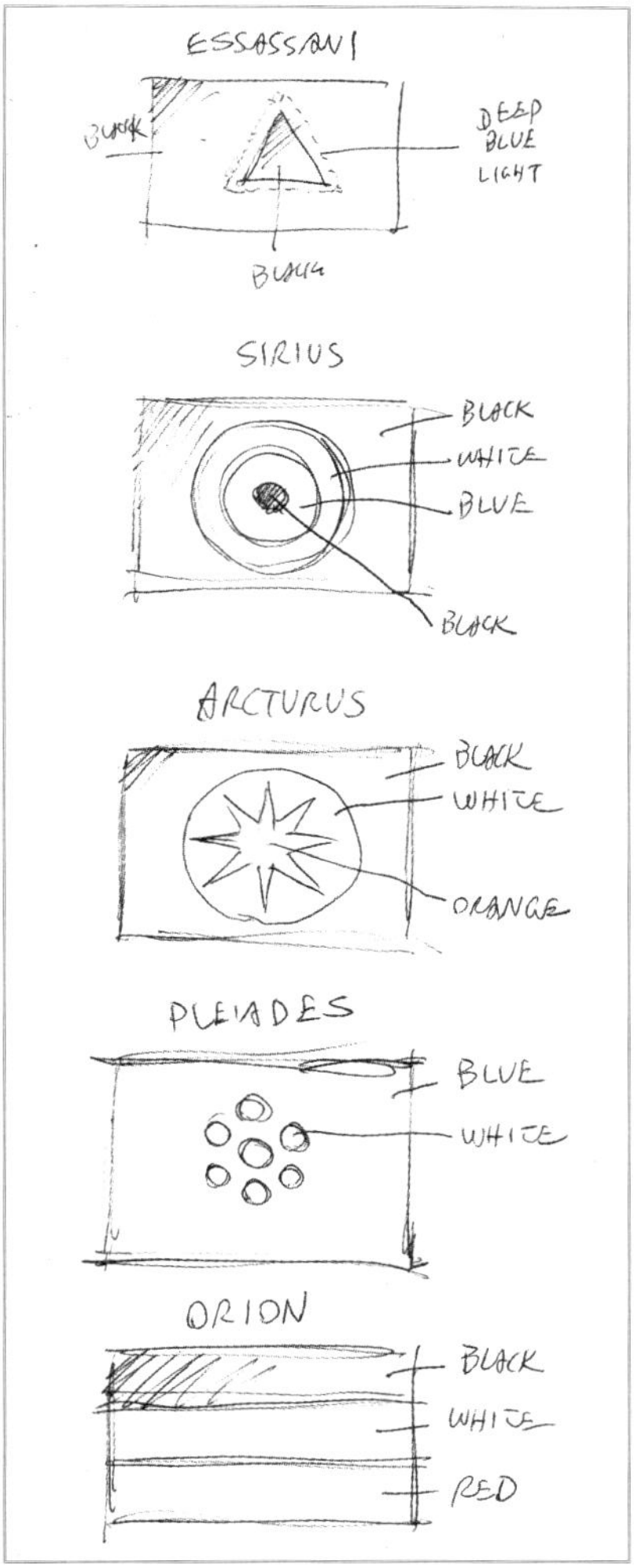

バシャールとのセッション後、ダリルが描いた
それぞれの星とつながるためのシンボルマーク

関暁夫

AKIO SEKI

2018.09.13

The 3rd Day Session

バシャール

BASHAR

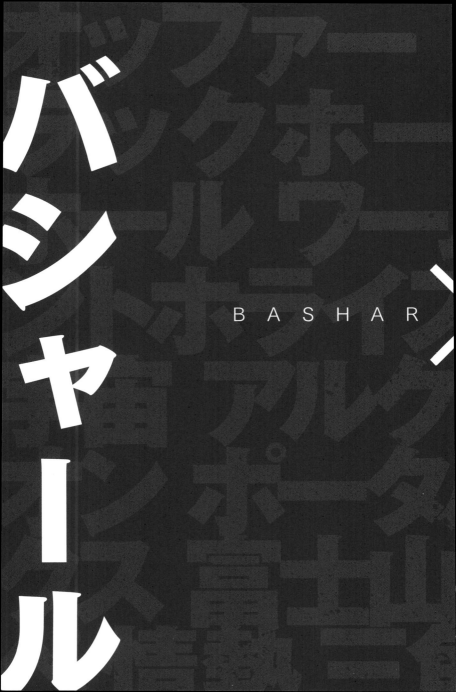

バシャール　みなさんの時間の今日のこのとき、ご機嫌いかがですか？

関　快調です！

バシャール　それでは、今日もあなたのイマジネーションが望む通りに進行していただけたらと思います。

関　宜しくお願いします！
今日のエササニ星は天気はいいんですか？

バシャール　いつも完璧です。

関　へー、いつも完璧なのですか？

バシャール　私たちの惑星では、地球のように地軸《ちじく》の傾きがありません。ですから、天候は

いつも温暖な状態で、地球の言葉で表現するならば、亜熱帯に近く、あまり暑すぎないし寒すぎないという常時快適な天候が続いております。

地球の太陽はソル、エササニの太陽はシャー

関　そこには地球と同じように、太陽的なものは存在するのですか？

バシャール　もちろんです。こちらの太陽はシャーと呼ばれていて、みなさんの星の太陽はソルと呼ばれています。

私たちの太陽は、太陽系の太陽よりも少しだけ温度が高い

です。

ですから、みなさんの地球と太陽の距離よりも、私たちの惑星と太陽の距離は離れています。

私たちの一日の長さというのは、みなさんの一日の長さとほぼ同じ長さですが、一年の長さはみなさんの星よりも長いです。

というのは、軌道が地球よりも大きな軌道をまわっているからです。ですから、地球での一年365日に対して、私たちの星は一年454日になっています。

関 エササニには、地球と同じように、水とか風というものは存在するのですか？

バシャール もちろんです。私たちの惑星上にある水は、地球上よりも多い量になっています。私たちの大気圏の中には、地球の大気よりも酸素の量が少し多いです。

関 じゃあ、重力は存在しているのでしょうか？

バシャール はい。惑星なので重力は存在します。ですから、そんなに違ってはいません。もしも、みなさんが私たちの惑星に訪れて表面上を歩きたいと言ったら、歩くことも可能です。しかし、惑星のサイズとしては、地球よりも少しだけ小さいので、重力も地球よりも少しだけ軽くなります。私たちの惑星には木々もありますし、花々もあります。山もありますし、海も湖もあります。しかし、動物たちや植物たちは地球上とはちょっと違うものになっています。

関 海の中に魚とかはいるのですか？

バシャール おりますが、みなさんの海の中の生物とは少し違います。みなさんの地球のクジラと似たような生物もいます。そして、地球からエササニにイルカを持ってきていますので、そのイルカもいます。イルカたちはエササニでとっても喜んでくれています。

エササニにもう宗教はいらない

関 なるほどねー。地球環境と非常に似ていますね。
では、エササニで、宗教的なものはあるのですか？

バシャール ありません。そういったものは必要としません。なぜならば、クリエイション（創造主）と、より直接的な関係を持っているからです。

関 そうか、そうか。自分が直接うえとつながっているから、もう宗教とかに頼らない世界が到来しているのですね。
では、エササニ星の人たちは地球人にない感情を持っているのですか？

バシャール はい、もちろん持っていますが、私たちの感情というのは、ほとんどがポジティブで、ネガティブなものやマイナス感情というものは持っていません。そして、地球人が持っていない感情も持っています。

たとえば、**私たちは、時間と空間というものを直接的に感じられるという感情や、スピリット（精霊）を感じられる感情、他の次元を感じられる感情というものを持っています。地球のみなさんは、これから進化していく過程で、こういった感情を徐々《じょじょ》に開発していくことになります。**

関　そういう感情のことを、エササニの言葉ではなんというのですか？

バシャール　**オッファー**（エササニの古語と思われるが、音はこういう音）

関　（関が真似《まね》て何度も発音する）

オックァー！

バシャール　違います。オックァーは違う意味です。

（バシャールが何度も何度もエササニの古語を発音する）

オックァーは植物の名前になります。オッファーです。オッファー！

関
オックァー！　はじめて聞く言葉なので発音が難しいっすね（笑）。とりあえず、それが時間と空間を感じたり、霊的なものを感じたりする感情をあわらすそちらの言葉なのですね？

バシャール
そうです。でも、これは私たちの古代語というものでして、今はテレパシーでコミュニケーションを取り合っているので、言語は使っていません。

関
そうでしたね（笑）。次の質問にいきますが、地球上にない物質というのは、エササニにどのくらい存在しているのですか？

バシャール
物質ということに関していえば、昨日もご説明しましたが、ナノテクノロジーのようなものを使ってつくった人工的なクリスタルがあります。でも、どちらかというと、惑星上では、なるべく自然を保存するような形にしてあります。なぜ、いろいろな物質がそれほど地球と違わないかと言うと、思い出していただきたいのですが、私たちは地球人のDNAも合わせてハイブリッドとしてつくられた存在ですから、この惑星が形成されたときにも地球とあまり違わない環境が意図的につくられています。

エササニはテラフォームされて生まれた星

関 ちょっと聞きたいのですが、そもそも、そのエササニという惑星は人工的（意図的）につくられたものなのですか？

バシャール 元々惑星があったのですが、そこにテラフォームといって、人工的な作用を加えて、惑星を住める場所として形づくっていくという作業をしました。

関 それは、今バシャールさんが住んでいる時間からさかのぼって、

どのくらい前にテラフォームを完成されたのですか？

バシャール みなさんの時間でいうと、一万年くらい前です。

関 その星にはオーパーツ的なものっていうのは存在するのですか？　エササニの人でも解読できない古代的なものとか…。

バシャール そういったものはありません。なぜなら、最初の起源から今日まで起こったことや意味をすべて理解しているからです。

関 ああ、そうですよね。すべてを記憶しているならオーパーツというものは存在しませんよね。しかし、惑星をつくるとはすごいですね！　そんなエササニが今、チャレンジしている新しいテクノロジーというのは存在しているのですか？

バシャール 今、私たちが開発途上にあるテクノロジーというのは、ポータルをさまざまな別の宇宙につくっていって、一点からまた別のところへ移動できるようにするものです。

また、他の地球外生命体の種族から教えてもらって、今、開発途上にあるテクノロジーもあります。非常に複雑な説明を要するテクノロジーですので、みなさんに完全に理解していただけないかもしれませんが、その一つが、ブラックホールにある※イベントホライズンに関するものです。

関 **来たね!! ブラックホールとイベントホライズン!!**

バシャール 普通は、重力があるためそこから情報を引き出せないのですが、その境界線内に閉じ込められている情報を引き出せるようにするためのテクノロジーです。

イベントホライズン：事象の地平面。
●光や電磁波などの観測によって情報を知りうる領域と、そうでない領域の境界。
●ブラックホール周辺で、光が外部に逃れられない範囲の境界面。
●膨張する宇宙で、観測者から遠ざかる速度が光速を超えている領域との境界面。

ブラックホールには宇宙の情報と記憶が入っている

関　ブラックホールの中にはどういう情報が入っているのですか？

バシャール　宇宙の情報です。

関　ほー。宇宙の記憶とされる情報が詰まっているわけですか？

バシャール　ある意味ではそうです。

関　ブラックホール内には宇宙の情報と記憶が入っていて、そこから記憶を摘出する装置を今つくっているということですね。

バシャール　はい、そうです。また、今開発している別のテクノロジーの一つに、「固体の光」というものの構造をつくっています。**実は光を固体化することができるのです。**すでに実験段階ですが、固体の光でできている宇宙船というものも、すでにできています。

関　光を固体化することによって、具体的には一体何が創造できるのですか？

バシャール　さまざまな形、構造物をつくることもできますし、これを使ってまた違ったテクノロジーを生み出すことができます。

関　それは、光を固体化することによって、エネルギーにもなるのですか？

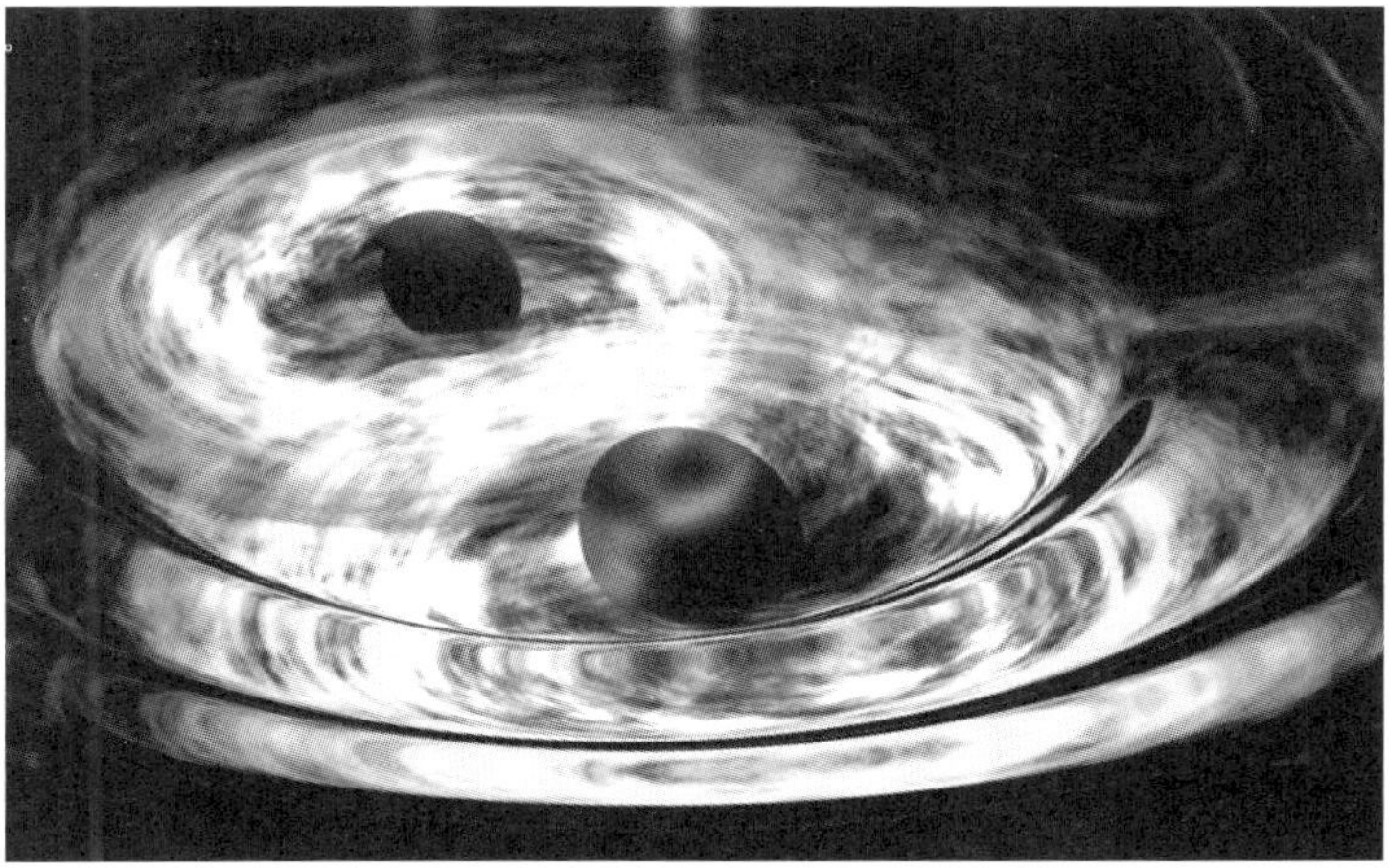

ブラックホールのイメージ図

超小型の「固形の光」の中に千個以上の文明が入る

バシャール　光というものはもともとエネルギーとして使えますが、光を固体化することによって、それ以外にもさまざまなことができるようになります。

こういったテクノロジーは、私たちの惑星上で使われているだけでなく、他にも高度なテクノロジーを必要としている惑星で使われています。

たとえば、今、手で示されたくらいのサイズの固体化された光の球体を機器として使うことによって、情報を入れるストレージとして使うことができるのです。情報量としては千個以上の文明すべてのデータを入れ込むことができるくらいの容量です。

関　宇宙ですね！

バシャール その球体に、さまざまな角度からアクセスして、それぞれの情報をダウンロードすることができます。この角度ではこの文明、この角度ではこの文明、というふうに球体の中の情報とつながり、それぞれのデータのダウンロードができるのです。

固体化した光に命を宿し宇宙が生まれる

関 固体化した光の中に生命を宿すことはできるのでしょうか？

バシャール はい、可能です。

関 おー、可能なんですね！
要するに、固体化した光を使って、新しい宇宙をつくることですよね？

バシャール はい、バブルユニバースという、一つの丸いシャボン玉みたいになった宇宙をつくることができます。

関 はー、最高ですね！

バシャール はい。

関 では、ブラックホールの話にちょっと戻りますが、ブラックホールの中にも宇宙の記憶が存在しているわけですよね？　じゃあ、ブラックホールを通過したらどこに行くのですか？

バシャール それはブラックホールの種類によります。

関 抜けられるブラックホールと抜けられないブラックホールというものが存在するのですか？

シャボン玉のようなものの中に宇宙がある

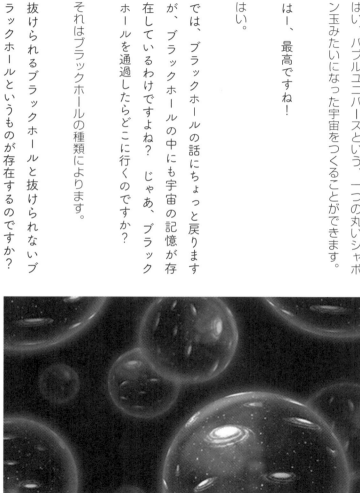

バシャール　そうです。

ブラックホールを抜けると別の宇宙や別の並行現実へ行ける

関　抜けられるブラックホールを通過したときにはどこに行くのですか？

バシャール　それもブラックホールの種類によりますが、たとえば、そこを通過して、宇宙の別の場所に行くことができますし、別の宇宙に行くこともできます。また、別の並行現実に行くこともできますし、別の次元に行くこともできます。

関　エササニの方々はブラックホールを活用して、実際にワープをしたり、違う宇宙や別次元に行ったりしているのですか？

バシャール それはやっていません。私たちは昨日ご説明したような形で惑星間移動というものをしています。

関 じゃあ、そのエササニでも人工的にブラックホールをつくるということはできていないわけですよね？

バシャール はい、元々宇宙に存在しているようなスケールのブラックホールをつくることはまだできていません。
でも、ミニチュアブラックホールというものをつくりまして、他の文明がこれをエネルギー源として活用することは、可能になっています。

関 そのミニチュアブラックホールを活用するエネルギーというのは、どのくらいの出力なのですか？

バシャール ものすごくパワフルですが、その量を具体的に説明するために例えを挙げ《あ》ます。
水素爆弾はご存じですよね？　**一つのミニチュアブラックホールのパワーの出**

力は、2万個の水素爆弾に匹敵するものです。

しかし、適切な形で制御《せいぎょ》されていますので、必要なエネルギーが少しずつ使われている形です。一度で全部使い切ってしまうということではありません。

ですので、一つのミニチュアブラックホールは、一つの文明で何世紀にも渡って使い続けることができるくらいの量があるのです。

ブラックホールとホワイトホールで別の宇宙をつくれる

関　それはコンパクトサイズでどのくらいのサイズがあるのですか？

バシャール　顕微鏡下で見るくらいのサイズです。ですから、肉眼では見えません。

関　わっ、小さい！　ミニチュアブラックホールですものね……。では、ミニチュアブラックホールというものが存在するということでしたが、ホワイトホールも存在するのですか？

バシャール　はい、存在します。このホワイトホールも、ミニチュアブラックホールから生成されたパワーの一つなのです。大きなブラックホールの反対側からホワイトホールのエネルギーを外に引き出していくと、ホワイトホールによって、もう一つ別の宇宙をつくり出すことができるのです。

関　それは光を固体化するというのと同じ原理なのですか？

バシャール　違います。

関

それとはまた別なのですね？

バシャール

ミニチュアブラックホールというのは、バルブのような役割を持っているのですが、そのバルブによって、時空間のエネルギーを取り込んで、それを変換させます。それをそのテクノロジーを使う文明で活用するのです。

つまり、私たちの星は、**前にもご説明したステップダウン変換機**（レゾナンス・ステップダウン・トランスフォーマー・92ページ参照）を使うのですが、他の文明では、同じことをするのにミニチュアブラックホールを使います。彼らが使える形にエネルギーを変換するのです。

また、私たちは、ミニチュアブラックホールと共鳴（共振）する**ステップダウン変換機を組み合わせるテクノロジーも開発中**です。

よりコンパクトでパワフルなエネ

ルギーの変換システムにして、私たちの宇宙船で使うためのものです。

関 共振させるテクノロジーというのがあるわけですね？

バシャール ミニチュアブラックホールによって、ステップダウン変換機を、より小さな、より効果的なものにしていくことができるということです。

関 それで、ホワイトホールもつくれるってことですよね？ ブラックホールの中にホワイトホールっていうものが存在するってことですよね？

バシャール はい、ブラックホールでトンネルを通過していって、そのトンネルの向こう側にホワイトホールがあります。

ですから、先ほど説明した、ミニチュアブラックホールの巨大なバージョンというようなことです。**こちらのブラックホールからエネルギーが入っていき**（左手を出しながら）、**トンネルを通過して、**（右手を出しながら）**出たところがホワイトホール**です。

※ダイナミック・ベクター・プレッシャー（直訳すると「力学的なベクトルの圧力」となるが、現時点ではこのような用語は英語にも日本語にも存在していない）

それが可能になるのは、ブラックホールに、**特定の※ダイナミック・ベクター・プレッシャー**（力学的なベクトルの圧力）というものがある場合のみです。言い換えれば、こういう力学的なベクトルの圧力というような特定のものが必要になるということです。

ホワイトホールが存在する宇宙はすべてが裏返しの宇宙！

関 僕らはブラックホールが存在する宇宙に生きているわけじゃないですか。

バシャール はい。

関 じゃあ、ホワイトホールが存在する宇宙に生きている生命体はどういう形態を持っているのですか？

バシャール

さまざまな種類の生命体がおりますが、みなさんのような存在ではありません。今、探索をしている最中の、**裏返しの宇宙**（内と外が逆になっている宇宙）と呼んでいるものがあります。

普通、みなさんが想像する宇宙の状態というのは、**さまざまな惑星がこの宇宙空間に存在していますが、ホワイトホールが存在する宇宙では、空っぽの空間の中に惑星があるのではなく、重力の液体のようなものに満たされた宇宙空間の中に、空っぽのシャボン玉みたいな数々の空間が存在しているのです。**

そして、こちらでは球体の表面に生き物が住んでいますが、シャボン玉の球体には、表面の内側に宇宙存在たちが住んでいるのです。外の宇宙空間が重力の液体で満たされているからです。

シャボン玉の中心には、恒星《こうせい》があるのではなく、ホワイトホールがあります。

それが、重力の液体の中に浮かんでいるシャボン玉の中の圧力をつくり出し、シャボン玉を膨《ふく》らませているので、中で生き物が生息する空間ができるのです。

関　ほー、裏返しの宇宙かー。外の空間が重力の液体で満たされているのですね。面白い！

バシャール　この説明をよく理解していただくために、違う説明をします。

重力の液体がここにあるとします。**それが水のようなものだとしましょう。**水の中にストローを入れてブーっと吹くと、ブクブクと丸い泡ができていきますよね。その泡のような丸いものを、**先ほどのシャボン玉のようなもの**と表現しました。ホワイトホールは、息を吹き込んだときのような作用をつくり出すので、**丸いあぶくが液体の中にできるのです。その液体が、先ほど申し上げた重力の液体です。**そのときに、丸いシャボン玉のようなものの中で条件が整えば、生命体が誕生することになります。

関　丸いシャボン玉の中心にホワイトホールがあるのですね？

バシャール そうです。

関 じゃあ、それをイメージしたものを後でダリルさんに描いてもらうことは可能ですか？

バシャール もちろん可能ですが、そんなに描く量はないです。ただ丸いシャボン玉のようなものの真ん中に何か光るものがあるだけですから。
ちなみに、この丸いシャボン玉のサイズですが、みなさんの想像できる大きさで説明するならば、太陽系の軌道よりももっと大きなものです。

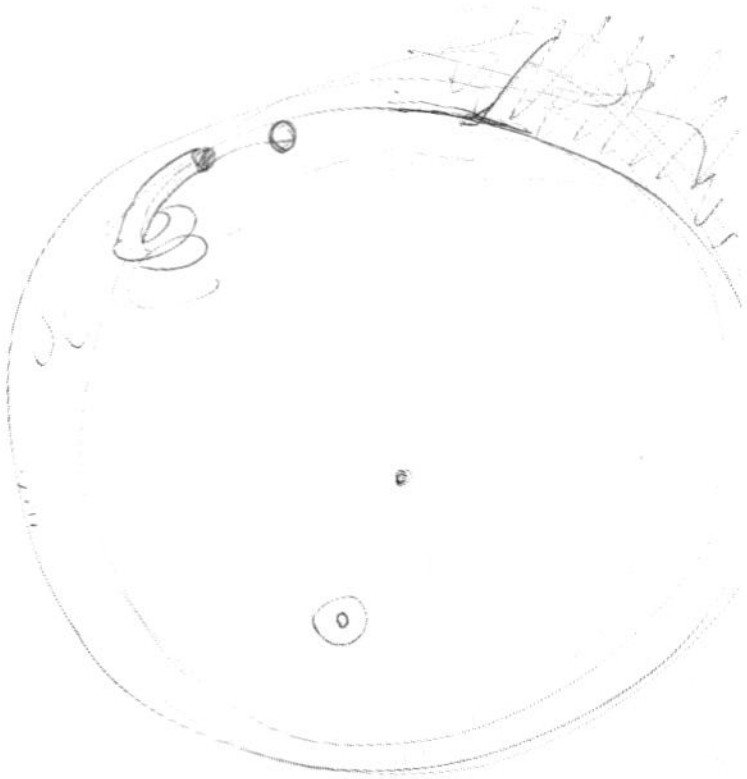

ダリルが描いたシャボン玉の球体。その中心にある点がホワイトホール。そして周りに液状の重力がある。

関 一個のサイズが？

バシャール はい。ですので、太陽という恒星の周りに巨大な球体があると想像してください。そこにどのくらいの量の地球が入れるかというと、もう何百万個という数になります。

どのくらい大きいか例を挙げますが、私たちがコンタクトをとった「裏返しの宇宙」内の一つのシャボン玉の球体の中には、約3000億人の存在たちが住んでいます。

それでも、ほとんど空っぽといえるくらいのサイズなのです。

関

確かにスケールの大きさに比べたら空っぽですね。あと、自分は、ホワイトホールの形状を知りたいのですが、ブラックホールと違い、渦巻き状になっているのですか？

バシャール

渦巻き状になっているのは※ワームホールと呼ばれているもので、ホワイトホールも、ブラッ

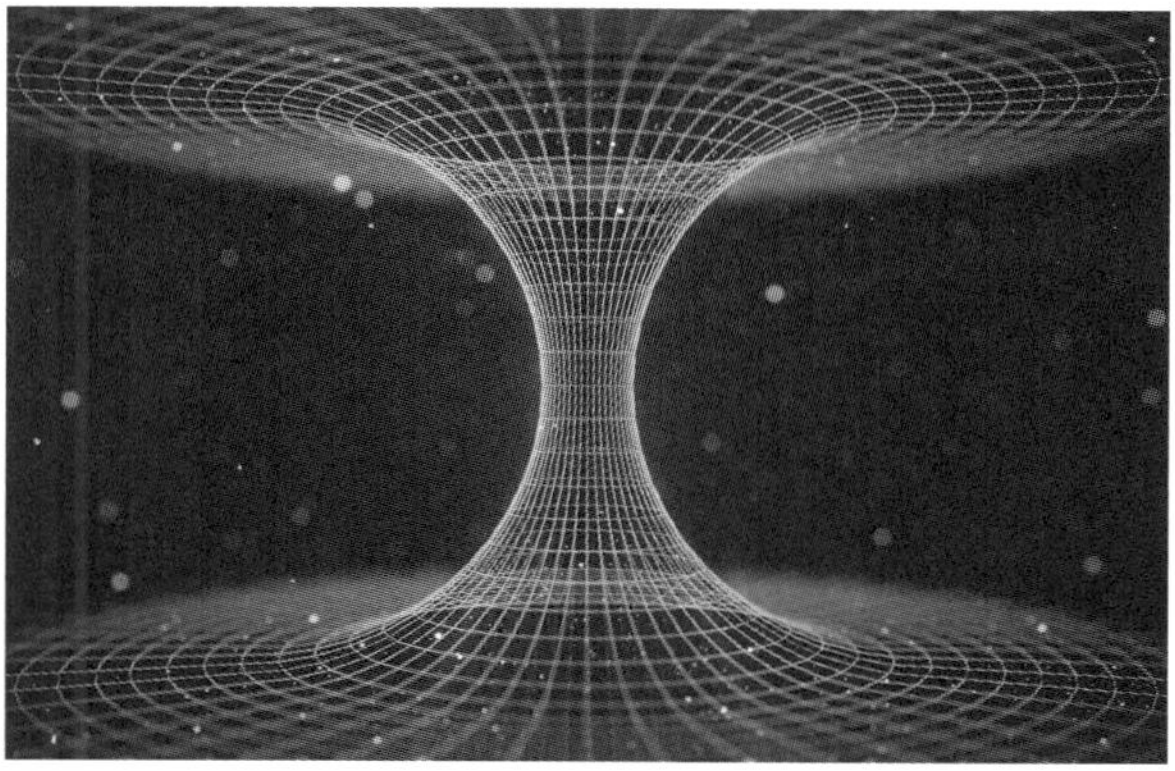

※ワームホール：二つの離れた領域を直接結び付けるトンネルのような時空構造。

クホールも両方とも球体です。

関　ブラックホール同様に、ホワイトホールも球体なのですね。

バシャール　はい。ワームホールは渦です。

ですので、ホワイトホールやブラックホールの中にワームホールといわれる渦があるということはもちろんあり得ますが、**ホワイトホールやブラックホール自体は球体**です。

関　じゃあ、ホワイトホールがある宇宙内にはグレイとされる生命体はいるのですか？

バシャール　みなさんの住んでいる宇宙には、グレイと呼ばれている存在がいます。しかし、**今お話したホワイトホールのある裏返しの宇宙というのは、みなさんが住んでいる宇宙とは本当に違ったところ**なので、グレイはいません。そこにいる生命

体というのも、まったく違った種類のものです。
みなさんの宇宙と他の宇宙とでは、物質的な法則も違いますので、違った種類のブラックホールやホワイトホールがあるのです。
その違いは何によってできているかというと、またここで再び登場するのは、先ほどご説明した**ダイナミック・ベクター・プレッシャー**（力学的なベクトルの圧力）というものです。

関

すいませんが、ダイナミック・ベクター・プレッシャー（力学的なベクトルの圧力）というものを、もう一度説明していただいてもいいですか？

バシャール

ここで、できる限りシンプルにして説明しようと試みることはできますが、みなさんには理解できない内容です。

なぜなら、**これは高次元の数学を必要とするからです。**もっと正確に言うならば、高次元の幾何学《きかがく》を使っているのです。ですが、それを極力《きょくりょく》シンプルにして説明しようとすると以下の通りです。

ここに極めて密度の高いブラックホールのような球体があって、非常に高速で回転していたとしましょう。それが強い重力を持っていますので、それをとりまく周りの場に、時空の場の反《そ》りをつくっています。**それが、光を曲げているだけではなく、時空間をも曲げています。**そこでブラックホールからある特定の距離にある時空のゆがみの弧《こ》の角度が、そのブラックホールに関わるダイナミック・ベクター・プレッシャー（力学的なベクトルの圧力）を決定します。

ブラックホールのイベントホライズンからある特定の距離の地点、つまり時空のゆがみの中のとある地点ですが、そこで圧力があるポイントに到達します。**そのポイントで、一つの宇宙から複数のたくさんの宇宙へと分離していくことになります。多くの並行宇宙、可能性のある宇宙です。**このようなたくさんの宇宙がブラックホールの周りにはあります。

そして、一つの特定の並行宇宙のダイナミック・ベクター・プレッシャーのポイントで、その宇宙と周波数を合わせることにより、**その宇宙に導かれてゆくことができる**のです。

これでも、今の説明は極限までシンプルにしました。ですので、**高次元の幾何学的な力学や作用を理解しないと、この話は理解していただけない**と思います。今、説明するためにベストを尽くしたら、こういう言葉になります。

関　**それは幾何学的にも（この原理を）実際に数値化されているのですか？**

バシャール　これを数値化して表現するような数学をみなさんはまだ持っておりません。このダイナミック・ベクター・プレッシャーを説明するための方程式や公式をつくるとしたら、**新しい数学を発明して、幾何学を理解しないと説明できない**くらいのものなのです。

たとえば、地球上には、アイザック・ニュートンという人がいました。彼は実

★ おさらいポイント！
イベントホライズン：事象の地平面。
●光や電磁波などの観測によって情報を知りうる領域と、そうでない領域の境界。
●ブラックホール周辺で、光が外部に逃れられない範囲の境界面。
●膨張する宇宙で、観測者から遠ざかる速度が光速を超えている領域との境界面。

験や調査を繰り返して、引力という概念を研究していました。彼は、そのために新しい数学を創造しなければなりませんでした。今ではそれが微積分学と呼ばれていますが、彼は自分の理論を説明するために**新しい種類の数学を発明**しなければならなかったということです。

ですから、同じように、**ブラックホールの周りのダイナミック・ベクター・プレッシャーを理解するためには、みなさんは新しい種類の数学と幾何学を発明**しないと、それが可能にならないということです。

関　実は**今、日本に新しい数式を世界に出した博士がいる**のですが、その人に見せてみます。幾何学的なものはあるのですよね？

バシャール　はい、もちろんです。

関　幾何学的なものを後でダリルさんが絵で描いてくれませんかね？

バシャール　もちろん、ダリルの頭の中に、それを表現して伝えることはできます。幾何学であらわされる等式です。
今、その情報を（彼の頭に）入れました。
ですので、ダリルがそれを描いて上げることは可能ですが、みなさんがそれを理解することは不可能なのです。言うなれば、これは翻訳することができない異国の言語が書かれているというようなものなのです。

関　まさにそうでしょうね。

バシャール　でも、今ここで、私たちがこの表現をダリルの頭に印象として刻印しましたので、後で彼に描いてもらうことは可能です。

関　はい、ありがとうございます。ホワイトホールと幾何学を後で描いてもらいます。

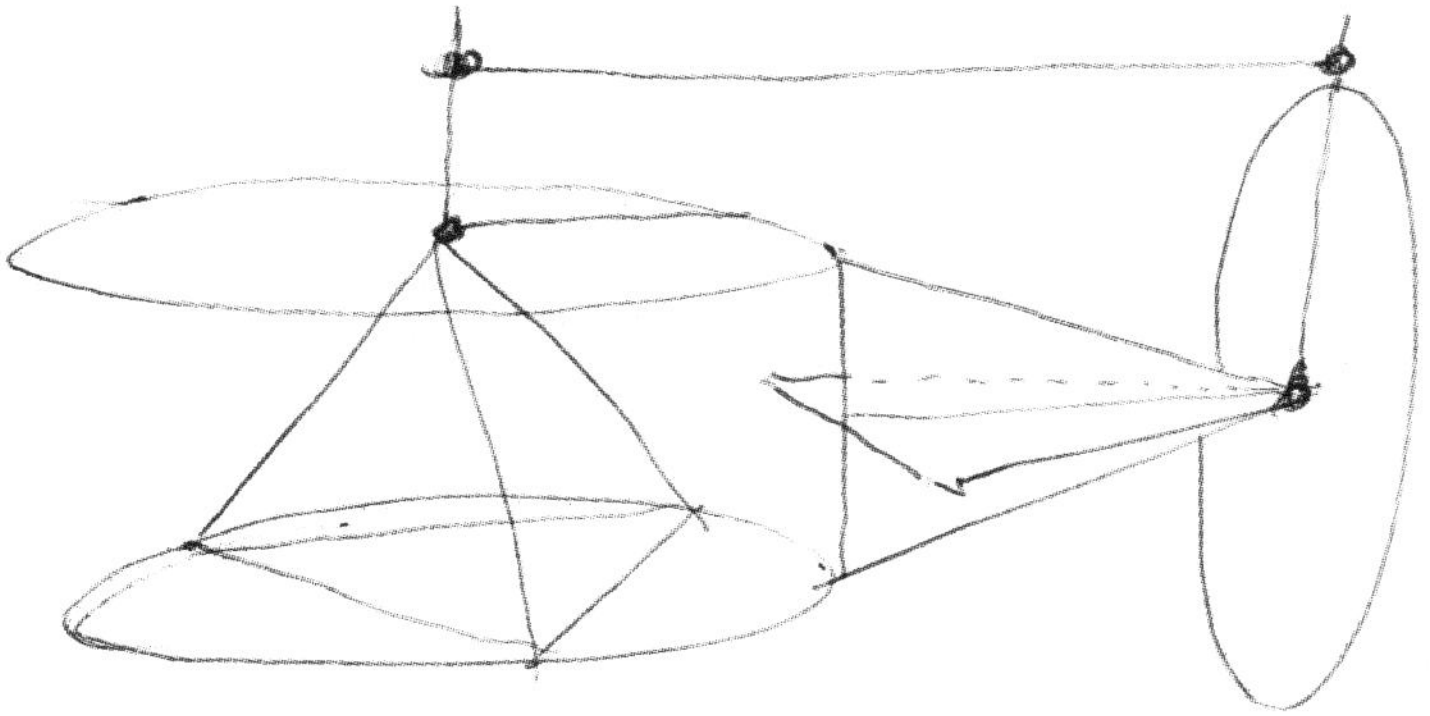

バシャールがダリルの頭の中に転写した幾何学図。宇宙を紐解くカギとなる!!

バシャール ただ、ホワイトホールは描いたとしても、輝く球体というだけですよ。

ワームホールやポータルを見つけたら時空を通過できる

関 それでOKです！　では、次にいきます。ワームホールというものが存在するわけじゃないですか？

バシャール はい、そうです。

関 時空を通過するときにもワームホールというものを通過するわけですか？

バシャール もしもワームホールを見つけることができたら、時空を通過することができます。ワームホールがどこにあるか自分で検知することができれば、または、**自分で創造することができればそれを使うことは可能**ですが、ワームホールはなかなか見つかりにくいものなのです。

もうすでに地球上にもポータルはありますよね。多次元間を移動することができるものであり、ヴォルテックス（渦《うず》）とも呼ばれています。

しかし、これも見えませんし、見つかりません。どこにあるか、なかなか検知できないかと思います。また、**いつそのポータルが開くのか、そして、どこにつながっているかということがわかっていないと活用することはできません。**

でも、それを自分自身で検知できて、そこを開いて通過したら、自分が行きたいという目的地まで導かれていくことは可能です。

関　地球上に多くのポータルは存在しているのですね？

バシャール　どの惑星にもポータルは存在しています。一つの次元から別の次元まで移行できるポイントになります。

富士山は宇宙とつながるポータル

関　それが地球上にいくつかあるということですか？

バシャール　はい、そうです。もうすでにご存知の方はたくさんいらっしゃいます。

関　どこの場所にあるか教えてもらうことはできますか？

バシャール　有名なところはいっぱいあります。アメリカ合衆国のセドナのヴォルテックスもパワフルなものの中の一つです。

関　日本の中ではどこにありますか？

バシャール　ＦＵＪＩＹＡＭＡ！

日本の代表的なポータルの一つとされる富士山。

関　おー！　じゃあ、富士山の周辺というのは宇宙とつながる場所ということですか？

バシャール　はい、そうです。小さなポータルもたくさんあります。水が溜《た》まっていて、中心となる渦があったとしたら、**その周辺にたくさんの小さい渦が形成されていきます。**そういったものをイメージしていただいたら、ポータルがいっぱいあるということもイメージしやすいかと思います。エネルギーの渦がたくさんぐるぐる回っているということです。

アメリカのシャスタ山。

関　それは自然発生したものなのか、地球外生命体の力によって意図的につくられたものなのか、どっちですか？

バシャール　自然発生的につくられたものです。

関　じゃあ、富士山以外にも日本の各地域に存在するということですか？

バシャール もちろん、そうです。他にもたくさんあります。ご自分自身でそういう場を発見していくということは可能です。

関 楽しそうですね！

バシャール もう多くの方がすでによく知っていることですが、地球にもチャクラと表現されているようなさまざまなパワースポットがあります。
たとえば、北米のシャスタ山であったり、日本の富士山であったり、ハワイのハレアカラと呼ばれているような地域も有名な場所の一つです。

重力も周波数を調整すると反重力になる

関 地球のチャクラ！　いいですね！　じゃあ、次に行きます。僕にとってのチャクラ！　反重力についてちょっと教えてください。

バシャール 反重力というものを理解するためには、物質界の現実がどのような構造になっているのか、今の理解とはまったく違う理解をしていく必要があります。

関 はい。

バシャール たとえば、一つの星から他の星に移動するということをご説明しましたが、そこにまた周波数というものが関わってきます。それぞれの場所には違った周波数がありますし、そこに存在するものも違った周波数を持っています。

関 すべてにおいて、異なる周波数があるのですね。

バシャール はい。昨日もご説明いたしましたが、音の周波数を使って、ものを浮き上がらせるということを話しました。これも同じような原理です。ものの周波数を変えるということですから。反重

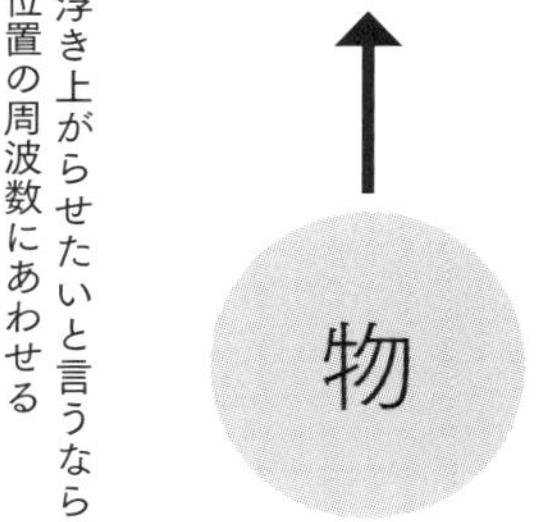
ここに浮き上がらせたいと言うなら
ここの位置の周波数にあわせる

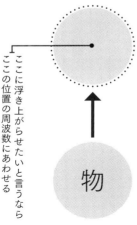

力も同じことなのです。何か一つのものがここにあったならば、**それを浮き上がらせたい場所に移動する**ということです。

つまり、重力に反して、ある場所から、別の地点にものが移動します。

他のたとえをすると、非常に複雑な話になってしまいますので、**位置的な波動の周波数が反重力**だと考えていただければよいかと思います。

関　位置的な波動の周波数とはどういうものですか？

バシャール　どこの場所がどういった周波数を持っているかということです。重力も、元々の周波数よりも、重力に反するような周波数のほうを過剰にしていくと、重力を超えて反重力になるわけです。

エササニ人の集合意識の平均周波数は33万ヘルツ

関 ちなみにエササニ人の集合意識の周波数はいくつなのですか？

バシャール まずそのご質問にお答えする前に、今現在の地球人の集合意識の周波数についてお伝えすると、人によって平均的な周波数よりも高い人もいれば、低い人もいますが、**今のところ、地球人が持っている集合意識の平均値は約7万〜9万ヘルツです。**

ですから、地球上の方が個人であれ、集合体としてであれ、エササニ人とつながりたいと思ったら、そこでマッチさせる周波数の波動は33万ヘルツです。だからこそ、私たちはみなさんの波動を上げるために情熱に従ってくださいといつもお伝えしているのです。

関 地球人の意識の平均的周波数は7万〜9万ヘルツと言いましたが、全宇宙の集合意識は、どのくらいの周波数になるのですか？

バシャール それを数値として測定する方法はありません。極論《きょくろん》ですが、もしもその答えを出すとしたら、その周波数はもう無限のものだとしかお答えできません。

なぜならば、今の地球上のみなさんの意識の周波数や、エササニの意識の周波数を説明したり、物質から非物質へと移行している話などもしましたが、そういった状態とはまったく違ったさまざまな種類の生命体が全宇宙では存在しています。

また、さまざまな種類の並行現実もありますし、さまざまな次元もある中で、その答えを出すとしたら、もう無限というしかありません。

たとえて言うならば、地球の色が赤とします。エササニの色を青とします。では、全宇宙の色を象徴するとしたら、何色でしょうか、と聞かれるのと同じような類の質問です。もし答えるとしたら、言葉では表現できない色です、言葉で表現するならば無限としか表現できないということです。

行きつく先は「ただ在るのみ」

関　では、その集合意識の先には一体何があるのでしょうか？

バシャール　より大きな集合意識になってきます。集合意識体がたくさんあって、また、それらの集合意識体の集まったグループがあって、その集合意識体ということになります。

集合意識が集まって、それよりさらに大きな集合体になって、それがもっと大きくなっていき、さらに大きな集合体ができ、英語で「オール・ザット・イズ（ALL THAT IS：在りて在るもの）」、すべてというものになります。

そして、「オール・ザット・イズ」が集まった集合体があって、それがまた集まった集合体があり、これが無限大に広がっている……、というように終わりがありません。

つまり、「オール・ザット・イズ（在りて在るもの）」が終わりではありません。なぜならば、「オール・ザット・イズ」にはまたそれが集まった集合体が無限にあるからです。

終わりがないのは、始まりがないからです。
「ただ、在るのみ」なのです。

関　そうですよね。すべて

「ただ、在るのみ」ですよね!!

バシャール　時間がかなり経過しているようなので、他になにかご質問があればお聞きします。

関　だいたい一通りは聞いたのですが、おさらいで、ハイブリッドの部分をもう一度聞きたいです。

地球人の未来は第6世代のハイブリッド種族「エ・ナニカ」

バシャール　オーライト！

関　確認しておきたいのですが、第1世代より第2世代、第2世代より第3世代というふうに数が多くなるほど、人間として進化していて、完成形に近づいていくということですか？　要するに第7世代がもっとも完成しているということですか？

バシャール　はい、その理解で正しいです。7番目が完全形の人間になります。より本物の人間ということで、みなさんが理解しているような人間ではあ

りません。みなさんはまだ十分に完全な生命体ではないということになります。

もうすぐ銀河から銀河を自在に旅する時代がやってくる

関 僕たちはまだ十分に完全な生命体じゃないんですね!

バシャール 今のみなさんは、ホモ・サピエンスですよね。**6番目のハイブリッド種族はホモ・ギャラクティカス(銀河の人類)です。7番目のハイブリッド種族はホモ・インターディメンショナリス(次元間を超えた人類)となります。**

関 進化段階が7番目の種族になると、自由に時空間を超えられるのですね。夢がありますね(笑)。

それから、なぜエササニでは、三角形がシンボルになっているのですか?

バシャール 三角形という形によって、多次元的に次元間のポータルを貫通しやすい性質になるためです。

関 多次元的に貫通する……!

三角形は次元から次元への ポータルを通りやすい形

バシャール そして、星から星へとシフト(移行)するのもこの形のほうがやりやすいのです。シンプルなご説明をいたしましょう。まず、円を描いてもらいます。その中に三角形を描いてもらいます。では、表面の面積がより少ないのはどちらでしょうか。どちらを使ったほうが位置を移動するのが簡単でしょうか。円盤状の丸いものか、三角形状のものですか？

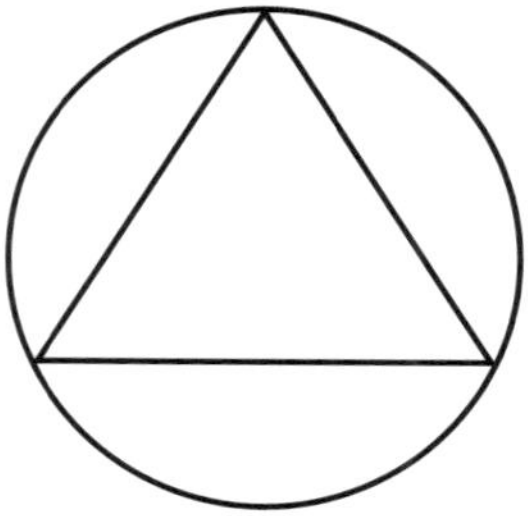

関　三角形ですね。

バシャール　はい、そうです。移動がしやすいからです。
また、私たちはクリスタルを育てて、宇宙船として使っていますが、三角形というのがより結晶化した形なのです。

関　振動出力が高いということですか？

バシャール　より高い振動の共鳴をつくりやすいということです。

関　ありがとうございます。次に星の話を聞きますが、アルクトゥルスにも生命体は存在するのですか？

バシャール アルクトゥルスは恒星です。ですので、アルクトゥルスに関わっている存在はエネルギーの存在です。

関 じゃあ、アルクトゥルスとチャネリングするというのは、エネルギー体と交信しているということですか?

バシャール もちろんアルクトゥルスの存在たちは、物質次元で目に見えるような形に自分を見せることはできますけれども、実際には非物質です。

オリオンには現代と古代の生命体が混在している

関 では、次にオリオンに関することを教えてください。

バシャール オリオンというのは古代の文明であって、さまざまな意味で分離しているところなのです。

関　オリオンにも生命体がいるってことですよね？

バシャール　はい、オリオンの星体系の中にはたくさんの文明に生命体が存在しています。

関　古代的なものですか？

バシャール　現代に存在しているものもいますが、現代と古代の存在が両方います。

関　なるほど。わかりました。
他の惑星との交信も楽しそうですね！
最後に!!
読者の方々になにかメッセージがあればお願いします！

チャネリングで「オリオン」と
コンタクトをとるためのシンボル

自分の情熱に従い、最大限に動き、結果を期待しない。

バシャール　あなたがたが必要なところへ運ばれていくためには何をすればいいのかというと、そのためにもっとも重要なことは、常に自分にとってのもっとも高い情熱に従って、ベストを尽くして行動に移すということです。そして、結果がどうこうという期待を一切持たないことです。そうすることによって、あなたの流れの中で、一番よい形で流れていって、行くべきところへ行くことができます。

関　ありがとうございます！

ギョベクリテペの遺跡は文明や次元とつながるためのシンボル

（インタビューが終わると思いきや突然バシャールが関に話しはじめた）

バシャール あなたが興味を持たれていて、今日ご質問されなかったことがありますね。

関 ん!?

バシャール 地球のトルコという場所にあるギョベクリテペの遺跡は、進化した存在たちが、**さまざまな文明やさまざまな次元との関係性を理解するためにデザインされて、つくられた古代の神殿です。**故意に埋められたのですが、その理由は、後に来るとわかっていた大変動による破壊を避けるためです。**さまざまなシンボルは瞑想によって、さまざまな文**

トルコ南東部・シャンルウルファ近郊にある世界最古の遺跡。何らかの神殿と考えられている。

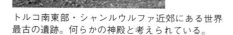

明や次元とつながるためにデザインされました。

今日はその一つひとつについてご説明する時間はありませんので、これくらいの説明にとどめておきたいと思います。

関
おー!! バシャールさん、ありがとうございます！

ね、ここからはじまるんですよ、いよいよこの本が!!

次回はギョベクリテペはもちろんのことオリオンやプレアデスなど広大な宇宙に生きる星々の話を聞きたいですね。

お会いできて光栄でした！ またお会いしましょう！

バシャール
みなさんお一人お一人と交流できましたことは私たちにとっても非常に光栄で喜ばしいことです。みなさんが私たちとコンタクトしてくださったことに感謝します。すべての人に無条件の愛を送りたいと思います。
ごきげんよう。

関の視点　三日目を終えて

とうとう今日で三日間の全セッションが終わりました。三日間を通してバシャールさんとの対談はとってもエキサイティングでワクワクしっぱなしでした！

本書を通じて、**新しく宇宙と触れる人たちの輪が広まっていってくれたら嬉しいですね！**

それと、エササニという惑星のこともいろいろと知ることができました。地球の未来に位置する場所にあり、今、ダリル・アンカさんを通してその星の存在とコンタクトができるというのも一つのパラレル宇宙ですけど、**同時刻的にすべての物事が起きているという**

のは非常に喜ばしい感動で満ちています。

ただ一つきちんと説明しておかないといけないのは、**これは全体宇宙における一つの惑星、エササニという星のお話です。**他にもアルクトゥルスとかシリウスとかリラとか宇宙にはまだたくさんの星々があり、それぞれにお話があります。**今回はあまたある星々の中の一つの惑星のお話ということを理解していただき、これが絶対的なことではないということだけは頭に入れていてほしい**と思います。

A・Iに関しても、なぜA・Iが生まれてきたのかというと、一日目が終わった後にもしゃべっていますが、**宇宙創造とされる意識の中からのインスピレーションというものが、宇宙人という存在を通して、地球人へ送られていることの一つである**ことを忘れないでください。

振り返って話しますが、現代の地球人は**今まさに第6世代のハイブリッド種族へと進化している真っ最中で、人類は今後さらに第7世代へ向かって進化していく**とバシャールさんは言っていました。だけど、地球では6番目のハイブリッド種族すら理解されるにはまだときが必要で、**2033年とされるオープンコンタクトを経て、もっと一般常識になっ**

ていくのでしょう。でも、もうすでに気づいている方々や、**自分の内側に宇宙意識が芽生えている方は、ホモ・サピエンスからホモ・ギャラクティカス（銀河の人々）**にもう進化していて、2033年頃からオープンコンタクトという形で**一般の人々もいろいろと見えはじめる**のではないでしょうか。

この本を読んでいる方々はもうそれを認知している方々だと思いますし、**進化の扉を最初に開いていくのは、そういうインスピレーションの高い人たち、精神性の高い人たちだと思いますので、ホモ・ギャラクティカスへ、そして、続くステージであるホモ・インターディメンショナリス（次元間を行き来する人々）へどんどん昇華《しょうか》していってほしいですね。**

そして、人類すべてが後に続いて、意識を開いていければ、この地球は本来持っている素晴らしい惑星になるんじゃないかと思います。

しかし、そのために、精神性というものに対して頭で理解するのではなくて、**心の理解が必要になってくるでしょう。心の理解が働いたときに、頭と心と身体の三位一体《さんみいったい》的な融合エネルギーというものが想像以上に放出される**のではないでしょうか。

それができて、初めて時空の旅というものに心から共感できるんだと思います。

チャネリングというものを通して、宇宙とのコンタクトは、生命体として誰でもできるものなのです。

精神テクノロジー文明到来!!

人間自身が原始に戻って、創造性豊かに宇宙とコンタクトをとる時代が再びやってきました。すべて原形に戻れ!!

信じるか信じないかはあなた次第です!

ダリル・アンカ　*Darryl Anka*

1987年に初来日し、その時のBasharのチャネルの様子をまとめた書籍『Bashar』は当時の日本人の精神性に多大な影響を与えた。35年以上に渡って日米をはじめ、世界中で活躍。ダリル個人のワクワクの源泉は「映画」。自身の映画制作会社Zia Filmsをもつ。直近の撮りおろし映画「First Contact」では、ダリルがチャネルするきっかけとして、1973年の三角形宇宙船との接近遭遇が語られている。往年の歌手ポール・アンカは、ダリルの従兄弟。そしてBasharはダリルの未来世でもある。

関暁夫　*Akio Seki*

コンビ芸人として活動した後、2011年に「Mr. 都市伝説 関暁夫」に改名、日本のストーリーテラーとして新境地を切り開く。日本や世界中を飛び回り、独自の視点と鋭い切り口で、世に隠されている真実や世界の仕組みなどを解き明かし、人類の意識をさらに高めるために精力的に活動している。テレビ東京系の人気番組「やりすぎ都市伝説」をはじめ、テレビ・ラジオなど各メディアで活躍中。著書『関暁夫の都市伝説』（竹書房）はシリーズ累計300万部のベストセラーとなっている。

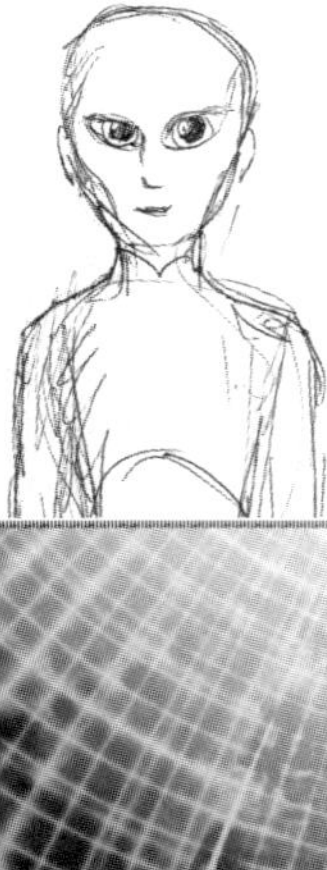

バシャール　*Bashar*

エササニ星の宇宙船パイロットでもあり、地球人や他の知的生命体とのファーストコンタクトスペシャリストでもある多次元宇宙存在。バシャールの名の由来は、アラビア語の（良き知らせをもたらす）「メッセンジャー」の意味から。人類に向けたバシャールのメッセージは非常に多岐に渡り、叡智と愛に溢れた人生哲学、宇宙の仕組みと構造、環境問題、意識進化、未来型テクノロジーなど幅広いコンテンツを語り、日米中心に世界各国に多くのファンを持つ。最近は人間との交流にも慣れてきて、軽妙でおちゃめな面ものぞかせる。

Mr. 都市伝説 関暁夫の
ファーストコンタクト
バシャール対談

2019 年 1 月 25 日　初版発行

著　者　　ダリル・アンカ
　　　　　関暁夫

編　集　　北條明子（HODO）
デザイン　細谷毅（HODO）
装　幀　　三宅理子

通　訳　　甲斐富紀子

発行者　　大森浩司
発行所　　株式会社 ヴォイス 出版事業部
　　　　　〒 106-0031 東京都港区西麻布 3-24-17 広瀬ビル
　　　　　☎ 03-5474-5777（代表）
　　　　　☎ 03-3408-7473（編集）
　　　　　📠 03-5411-1939
　　　　　http：//www.voice-inc.co.jp/

印刷・製本　株式会社光邦

ISBN978-4-89976-485-4　C0011
Printed in Japan.